怪談狩り
山の足音

中山市朗

角川ホラー文庫
23304

目次

青いバツ印

フリーでビデオ制作をしているTさんという人がいる。

ある日、スマホに取り込んだという、何枚かの妙な写真を見せてもらった。

写真は、Tさんの父がもっていたものらしく、友人たちと楽しそうに写ったものや、子どもの頃のTさんやその家族が写っているものもある。

だが、その何人かの胸のあたりに、青マジックでバツ印が書かれてあるのだ。

Tさんの父は、彼が子供の頃に亡くなったという。

ある金曜日に「ちょっとしんどいから、病院へ行ってくる」と一人でふらりと病院へ行き、そのまま入院となった。そして月曜日に緊急手術。その二日後、急死した。

家族は手術の失敗を訴えたが、病院側は認めず、それらしい病名を挙げて死因としたらしい。

それから約一ヵ月後に、Tさんの母が、押し入れの奥に一冊のアルバムを見つけた。なんだこれ、見たことないアルバムだな、とページを開いてみると、そこには亡き父が写っている大量の写真が貼り付けてあったのだ。

父は生前、魚釣りが好きだったので、フィッシングジャケットを着た仲間たちと、釣った大きな魚を頭の横までもちあげてにこやかに笑っていたり、キャンプファイヤーを囲んでのスナップ写真、ビールを片手に談笑している写真や、家族と一緒に撮ったものもある。

「お父ちゃんのアルバムや。こんなんあるん知らんかったわ」と母は言う。

ところが気になったことがある。

写真に写っている何人かの人の胸のあたりに、大きいバツ印が青いマジックのようなもので書かれている。

「なんやろこれ」

Tさんもそれを見て奇妙に思ったが、「あっ、まさか」と言って母はアルバムのあちこちのページをチェックしだした。

「やっぱりそうや!」

釣り仲間だった親戚《しんせき》のKさんの胸にそれがある。一枚だけではない。Kさんが写っている全ての写真にバツ印がある。

Yさんという人の胸にもある。親しくしていた釣り仲間だ。

Fさんにも I さんの胸にも。

母は言う。

「Kさんは、磯釣りしてて波にのまれて亡くなってるし、Yさんは、癌で亡くなってはるわ。Fさんも亡くなったって聞いてるし。去年やったから I さんのお葬式、行ったわ。青いバツ印が付いてる人、みんな死んだ人やで！」

じゃあ、親父が書き込んだのか？

しかし、父の胸にもバツ印があるのだ。

「親父って、急に死んだんやもんな。こんなん書く間もないし、家に帰ってないし」

となると、このバツ印は誰がつけたものなのか？

今もって、謎のままなのだという。

屋根の女

これはS子さんのお母さんが、ただ一度だけ体験したという話である。

お母さんは、K子さんという。

K子さんが中学二年のとき、林間学校があった。

学校は都内にあったが、恒例の催しで、毎年、長野県の八ヶ岳《やつがたけ》の宿舎を借りての二泊三日の学習体験をするのである。

その二日目の夜のことである。

キャンプファイヤーが行われた。なんとなく、グループが三つ、四つに分かれて、男の子、女の子たちが、ジュースを飲んだりお菓子を食べたりしながらおしゃべりを楽しんだ。

K子さんは、女の子ばかりの十人ほどのグループにいて、おしゃべりをしていた。

すると自分の目の前にいるMちゃんの様子が、なんだか変なことに気づいた。

黙って、何かを目で追っているようなのだ。

「Mちゃん。どうかしたの?」

そう言ってK子さんたち何人かが、Mちゃんが見ている方向を見る。

真っ暗な山の中。何があるわけでもない。

「Mちゃん、どうしたのよ。黙ってちゃあ、なんだか怖いじゃない」

友人の誰かがそう言った。

するとMちゃんが指をさして言った。

「あれ、なに？　人？」

もう一度、みんなでその方向を見た。

そこは、宿舎と宿舎をつなぐ渡り廊下がある。誰も通っていない。

「あっ、ほんとだ。なにあれ？　なんなの？」

一人の女の子もそう言いだした。

「どこ？　なんにもないけど」

「屋根よ。渡り廊下の屋根を見て！」

その上を、人が歩いているというのだ。

すると、K子さんにも一瞬見えた。

白い人のようなものが屋根の上に立っていて、ひょこひょこと動いて渡り廊下の右端まで移動すると、ふっと消えた。その間、一、二秒だったという。

次の瞬間、そこにいた女の子たちは騒然とした。

「屋根の上、確かに誰かいたわよね」

「私も見た。白い人？　影？」

「でも、あそこで消えたよ」

消えたあたりにみんなで行ってみたが、誰もいない。ただ、その場にいた女の子たち全員が見ていて、目の錯覚ではないことを共有したという。

ところでMちゃんは、ずっとそれを見ていたようなのだ。

渡り廊下の左端の屋根の上にそれは姿を現したかと思うと、ゆらゆらとその身体を上下に揺らしながら移動し、右端に到達するとふっと消える。するとそれは、また元の位置にいて、ゆらゆらと身体を揺らしながらまた左端に到達して、消えるとまた、元の位置。

これが三回繰り返されたのだという。

K子さんはその三回目の消える瞬間を目撃したことになる。それは、白くぼおっとしたもので、着ていたものが白かったのか、全身がぼおっと白かったのか、そこの記憶は判然としなかったし、なんだか半透明だったような気もする。ともかく何人かの友人たちが、全身が白い、人のようなものを見たことは確実なことだったのだ。奇妙なことに、人のようなものと判然としないわりには、あれは女性だったという印象を、目撃した全員が持っていたのだ。

あれから、約五十年。自分でもあれは何だったんだろう、ほんとうに見たのかなあ、と長い年月の間には疑問も出てきていた。K子さんにとっては、そんな経験は人生でただ一回しかなかったからだ。

しかし数年前、あの時のグループだったメンバー何人かで、喫茶店で会って話をしたのだという。当然、あの林間学校で見た、不可思議なものの話になる。

「私たち、確かに見たよね」

「見た見た。絶対に見た」

「あれって結局、なんだったのかしら」

すると一人がテーブルに出されていたおしぼりを手にすると、それを縦に立てて、手で移動させた。おしぼりがふにゃふにゃと揺れている。

「こんな感じだったよね」

「そう、まさにその動き！」

K子さんの記憶も、それを見てまた鮮明に甦《よみがえ》ったという。

空白の時間

大分県出身のKさんという男性から、投稿でいただいた話である。

四十年前の五月。Kさんはその時十六歳だったという。

その日の午後、父が運転する車にKさんと母が乗り込んだ。大分市の病院へ送ってもらったのだ。

一ヵ月前、Kさんは自転車で夜の道を走っていて、あやまって溝に転落、大怪我をしていた。最近退院したばかりで、再検査のための通院だったのだ。

一時間ほどで再検査は終わったが、父はそのまま車で職場へ行ったため、母と二人、バスで帰ることにした。ここから一時間ほどの距離だ。

バスに乗り込むと、検査の緊張感から解放された気持ちと、春の陽気もあってか、座席でうとうとして、やがて寝落ちをした。

ふと、目が覚めた。

バスは停車していた。

何気なく外を見た。大分市と地元の町をつなぐバイパス道の途中だということは分かったが、はて？　と思った。ここは信号も停留所もないはずだ。

前を見ると、フロントガラスの向こうはただまっすぐ延びる道路があるだけ。渋滞を起こしているわけでも工事をしているわけでもない。というより、人気がまったく無いのだ。普段はそれなりに交通量の多いこの道に、車の姿もまったく無い。

ふと、乗降口を見た。

ひょっとしたら、乗客の一人が気分でも悪くして車外に出ているのかもしれない。そう思ったからだ。しかし、それらしき人もいないし、乗降口は閉まっている。

そして、目を覚ましてからずっと感じていたのは、何とも言えない違和感だった。乗客は十人ほどだったが、みなは黙ってじっと前を見ている。運転手も同じである。押し黙ったまま、微動だにしない。

そして、エンジンは切られている。

「なあ、なにがあっと？」

隣に座っている母に聞いた。

「いいんじゃ」

母は、そう答えた。

お前は、何も知らんでいいんじゃ、と、そう聞こえた。

その途端、言いようのない不安と不気味さが襲ってきたのである。

数分ほどして、突然エンジンがかかった。何のアナウンスもないまま、バスは走りだした。すると妙な空気もなくなり、いつものバスの中に戻り、対向車もどんどん来た。

無事に家に戻ってほっとした。

「いいんじゃー」というあの言葉は、Kさんの耳にずっと残っているという。だが、その真意を聞けないまま、十年前に母は亡くなった。

あの一件は、結局なんだったのか、永遠の謎になってしまった。

家の整理

Hさんは父を亡くして、もう十数年になるという。

彼の家は曾祖父《そうそふ》の代から、熊本市で病院の経営をしていた。

祖父の代までは、戦前に建てられた木造の病棟だったが、父の代になって、昭和五十三年にコンクリート造りの大きな病院となった。

旧病棟の頃、その隣に二階建ての家があって、Hさん一家はそこに住んでいた。その家も、新しい病院に建て替える時に撤去した。

その時のことだ。

家の敷地にショベルカーが入った。そのまま家の一部を壊して掘り返している。そこにHさんの母が血相を変えてやってきて「ちょっと待ってぇ！」と大声を出しながら、その作業をストップさせた。

家の神棚が粉々になる寸前だったのだ。

この後、近くの神社から神主さんを呼んできて、祝詞《のりと》をあげてもらって、新しい家に神様に来ていただくための祭事を行ったのである。

また、古い井戸があったようだが、これはいつの間にやら埋められてしまっていた。

どうもこの古い家は、風水だとか、方位といった考えがないままの設計だったらしく、随分と意味不明の部屋や、地下の穴があったりしたらしい。

仏壇も出てきた。

それも二つ目の仏壇。

「はて、これは？」

見たこともなければ、もちろん使ったこともない。そういえば、曾祖父の時代に同居していた医者がいたらしい。彼のものかもしれないが、はっきりとはわからない。

処分しようとしたが、だからといって廃品処分にするわけにもいかないし、仏具店に持って行って処分してくださいというのも違うだろうと、家族で話し合った。

すると母が、知り合いに真言宗のえらいお坊さんを知っているから、その方に来ていただこうという事になった。


その僧侶《そうりょ》が神奈川県からやって来た。

「魂抜きをしましょう」と僧侶は言う。

儀式の前に、母と僧侶の二人で、仏壇の扉を開いて中を見た。

すると僧侶は慌てて扉を閉めると、そのまま魂抜きの儀式を行った。

そして、閉じられた扉にお札を貼って、封印した。

「これ開けた人、死にます」と僧侶は言って、帰っていった。

家族の者は、母に「なにがあった？　なにを見た？」と聞いたが、なにも語らなかった。

その仏壇は、今もHさんの熊本の実家のどこかにある、という。

泥人形

前作『怪談狩り　黒いバス』に掲載した「家族写真」の後日譚《たん》である。

数年前の中国地方の大水害で、両親を亡くした、当時四歳だった男の子Nちゃんの話。

Nちゃんは、お父さんの弟さんに引き取られ、養子となった。それでも亡くなった両親にNちゃんは守られている、そういう話であった。

あれ以来、Nちゃんは雨が降ると怖がったり、川の音を聞くと怯《おび》えたりしていたらしい。

そしてこれは、その一年後の両親の命日のことだという。

その夜、弟さんがNちゃんを寝かそうと二階の部屋に連れてあがった。するとNちゃんは窓際に立ったまま、動かなくなったのだ。窓から外をじっと見つめている。

「どうした？」と聞くと、

「あそこにお父ちゃんとお母ちゃんがいる」という。

「えっ、また何かあったのか？」

そう思って窓の外を見た。すると、庭に二つの人影があった。よく見ると、確かにそれは、洪水で亡くなった実兄とその奥さんだ。

「おおい」と自分の妻を呼んだ。二階に上がってきた妻を窓際に呼び寄せて言った。

「おい、あれ、見えるか？」

「あっ、庭に誰かいるわねえ」

「誰だと思う？」

「亡くなったお義兄《にい》さんと、お義姉《ねえ》さんに見えるね」

「やっぱりか」

「あなた、行って見てきてよ」

そう言われて、下に降りると懐中電灯をもって庭に出た。すると、そこに立っていたのは泥人形だったのだ。最初に避難所に預けられ、身元引受人も見つからなかったNちゃんを家に連れて帰って、しばらく面倒を見てくれた中学校の美術教師S先生からもらった、体長百五十センチほどの二体の泥人形だったのである。

（あっ、そうか。これ泥人形だ。ちょっと前にS先生から送ってもらって、ここに置いたんだっけ。見間違いか。でも、さっきは確かに兄さん夫婦に見えたんだがなあ）

そう思って帰ろうとして、ふっと懐中電灯の明かりがなにかを照らした。

泥人形の足元に、クッキーを入れるような缶が置いてある。

（なんだこれ。Nちゃんが遊んでいて置いてったのかなあ）

そう思って、缶を拾って家に戻った。そして蓋《ふた》を開けてみた。

中には診察券や育児日記、母子手帳、預金通帳、印鑑、ポイントカードなどが入っていたのだ。そして預金通帳は兄の名義、そのほかはNちゃんの名義になっていた。

「Nちゃん。この缶々、どうしたんや。これ、あの庭の人形の前に置いたん、お前か？」

そう聞いたが「そんなもの、知らない」と言う。

確かにこの子が救出された時、何も持っていなかったはずだ。

ただ、思い出してみるとこの缶には見覚えがあった。兄の奥さんが何か手帳のようなものをこれに入れていたという記憶はある。しかし、兄夫婦が住んでいた家を処分する前に、家の中はいろいろ見て回って、遺品整理をしている。ほとんどのものは流されていて、何も持ち出すものはなく、ただ一枚の写真をなんとか救い出しただけだったのだ。

なのに、今、目の前には……。

「これはやっぱり、亡くなったこの子の両親の、子を思う心の表れだなと思うしかないです」と、Nちゃんの新しい親となった彼はそう言った。

曲《まがり》女《め》

Mさんという男性が「もう二十年ほど前、小学六年生の時のことですけどもね」と話してくれた。

放課後、仲の良い男女六人で教室でおしゃべりをしていた。

「そろそろ帰ろうか」

六人はぞろぞろと教室を出た。教室は二階。階段を下りると一階の廊下に出る。すると、目の前を黄色いカバーを付けたランドセルを背負った幼い女の子が駆け抜けていった。ここは一年生の教室が並んでいるので一年生の子だろう。

六人はそのあとを歩きだした。その先左側に女子トイレがある。さっきの女の子は、トイレへと曲がると中に入っていった。

それを見ていたKちゃんという女の子も「私、トイレ行ってくる。これ、持ってて」と言ってMさんにランドセルを手渡すと、走りだした。すると「うちも」「私も」とその場にいた三人の女の子全員がトイレに入ってしまった。

「しょうがないな。待つか」

男子三人は廊下で待つことにした。

すると女子トイレから悲鳴があがった。

「えっ、どうした？」「なにがあった？」

するとKちゃんが出てきた。

「ねえねえ、私らの前に、黄色いランドセルの女の子、入っていったよね」

「うん、おそらく一年生の子」

「いないのよ」

「いない？」

「来て来て」

手招きされて、男子三人も女子トイレに入った。

個室のドアは全部開いていて、確かに誰もいない。清掃道具が入っているロッカーにもいない。窓は内側からカギが掛かっている。

「消えた!?」

そんなことがあった。


Mさんたちは中学生となり、三年生で、あの時悲鳴をあげた女の子の一人、Kちゃんと同じクラスになった。

休憩時間、Mさんと Kちゃん、もう一人の女の子の三人で、おしゃべりをしながら校舎の四階の廊下を歩いていた。

すると目の前を髪の長い、見たことのない女の子が向こう側から歩いてくると、その先の廊下を曲がった。

その先は女子トイレがあるだけ。

それを見て、Kちゃんともう一人の女の子が「うちらもトイレ！」と言って駆けだし、その先の廊下を曲がった。

また悲鳴があがった。

しばらくして二人の女の子が出てきた。

「ねえちょっと、私らの前に髪の長い女の子、トイレに入っていったよね」

Kちゃんが言う。

「うん、見たことない子だったけど」

「いないの」

「いない？」

あの時と、まったく同じことが起こったのだ。

二度とも、MさんとKちゃんが関わっていることから、どちらかに憑《つ》いてるんじゃない？ ということになった。ちなみにMさんは「新耳袋」シリーズのファンだったので、消えた二人の女の子を「第七夜」にあった、滑女《すべりめ》、廊女《わたりめ》にあやかって、曲女《まがりめ》と名付けたという。

廊下を曲がってその先のトイレで消えるからだ。

三年前、中学の同窓会があった。

Mさんは Kちゃんと久しぶりに会った。彼女は看護師になっていた。

「実は病院でね、あの時と同じことが何度かあったの」と言う。

どうやら、Kちゃんに原因があったようだ。

白いツナギの男

実は似た話を、私も体験したのだ。

一昨年《おととし》（二〇二〇年）の九月三日のことである。

大阪のABCテレビのプロデューサーOさん、私の秘書の三人で、大阪心斎橋《しんさいばし》の居酒屋で飲んだときのことである。

午後七時に待ち合わせて、奥座敷に通された。

店はそんなに大きくはない。コロナ禍ということもあって、この時のお客は我々三人だけ。店内はガラーンとしていた。

Oさんは古代史好きで、私に「カタカムナ」だの「九州王朝説」だの「古史古伝」といった話題を振ったり、質問をしてきたりして、盛り上がっていた。

随分と飲んで、随分と話して、私はいったん中座してトイレに行った。時間は十時頃。

奥座敷からトイレへと行く途中、この店の客席のほとんどが見渡せた。

この時、お客は我々以外に二組だけ。

トイレへと続く通路を歩き、正面にあった男子トイレのドアを開けた。と、トン、とドアが何かに当たった。そこに人が立っていて、その背中に私が開けたトイレのドアが当たったのだ。

「あっ、すみません」と私。

すると、その人物はこちらをちらりと振り返った。三十代半ばくらいの男。じろりとこちらを見た眼は、目つきが悪く、今どきリーゼントの髪。白いツナギを着ていた印象が、今も残っている。

男は何も言わずに、そのまま個室のドアを開けると中へ入り、バタンとそのドアが閉じられた。

トイレは狭く、男が入っていった個室が一つ。その隣に小便用の便器。小便用は入ってすぐ手前。個室のドアは、その奥にある。

さて、用を済ませて手を洗おうと奥の洗面台の前に立った。

すぐ横が、個室のドアとなる。

そのドアが開いていたのだ。そして、中に入ったはずの男の姿がない。

あれれ？

確かに、白いツナギの男が中に入って、ドアを閉めてガチャリとカギが掛かった音もした。

その隣で私は用をたしていた。

男が出てきたら、またドアが開く音がするはずである。しかも、狭いのでこのトイレから出ようとすると私の背中のすぐ近くを通ることになる。気がつかないはずがない。しかも、ここを出る時、また出入り口のドアを開け閉めしなければならない。だが、その音も気配も一切なかったのだ。

それに、こっちは小、むこうは大。早すぎるし、手を洗ったという形跡もない。

男は忽然《こつぜん》と消えた、としか思えない。

いやいや、そんなバカな。

そう思ってトイレから出て、Oさんや秘書が待つ座敷に向かった。

途中、客席を確認した。やはり、我々意外に客は二組。白いツナギの男はいない。

また、レジにも人はいなかったので、男が店を出たという事もない。

そのまま私は、奥座敷に戻ったが、合点がいかない、という思いが顔に出ていたようで、さっそく秘書が「先生、なにかあったんですか?」と聞いてきた。

「実は、さっき……」と、そのことを話した。

すると、さすがに我が秘書。スマホを手にするとさっと出ていき、しばらくすると戻ってきて、「男子トイレの写真を撮ってきました」と言うので、その画像を見せてもらった。当然、怪しげなものは写っていない。そして、秘書も店内を確認したらしい。

お客さんは、私たち以外には二組だけ。その中に白いツナギ、三十代くらいの男はいない、と。

その時改めて思った。今どき、白いツナギ？　リーゼント？

では、あれは幽霊だったのか？

それは分からない。ただ、ドアが背中に当たった時の手ごたえ、音は確かにあって、それは人であったとしか言いようがないのだが……。

吊ってはる

Hさんという女性がいる。

よく私の怪談会に来てくれる常連客だが、彼女は過去、しきりに首吊《くびつ》り自殺、飛び込み、飛び降りという現場に居合わせることがあったという。

その中の一つを話してくれた。


小学校の低学年の頃のことだ。

幼馴染《おさななじみ》のJ子ちゃんの家に遊びに行った。そこはよく行く家だった。

いわゆる豪農で、茅葺《かやぶき》屋根のかなり大きな家で、J子ちゃんの弟もいたので、いろいろと遊べたのだ。

その家の裏には庭があったが、その先に隣家があった。

普通なら、その間に垣根なり塀を造るのだろうが、そんなものは一切なく、庭に面した縁側にいるだけで、はっきりとではないが、隣の家の中の様子が見えることがあるのだ。

ある日も、いつものようにJ子ちゃんとその弟と遊んでいると、隣家から若い女が飛び出してきたのが見えた。

「首吊りしてはる〜!」

その女が叫んだ。

えっ、とよく見ると、たまに見かける、若奥さんと呼ばれている隣家の人だ。

今、大人はこの家にはいない。

J子ちゃんは、だっと駆け出すと玄関から出て行った。畑仕事をしている両親を呼びに行ったのだろう。その間、Hさんは若奥さんの様子をただただ見ているしかなかった。

「吊ってはる、吊ってはる、首吊ってはる」と若奥さんは叫び続けている。

しばらくして、J子ちゃんは両親を連れて戻ってきた。近所の人たちもいる。

「首、首、吊ってはるんです。来てください」

若奥さんは、やって来た人たちに言っている。

Hさんは縁側からじっと隣家の様子を見ていた。

隣の縁側が見える。ガラス障子が嵌《はま》っていて、その中の様子も見える。多分、二間続きの和室があって、その奥に仏壇も見える。と、その前に二本の足がぶら下っているのが、ちらりと見えた。

「わあーっ」と、Hさんはその瞬間、悲鳴をあげた。

「もう、Hちゃんはうちへ帰りなさい」

そう言われて、ショックで泣きながら帰った覚えがあるという。

それから三十年ほどたって、Hさんは最寄りの駅でJ子さんとばったり会った。声をかけてきたのはJ子さんだった。

「あら、やっぱりHだあ。変わってないねえ」

「J子じゃない。懐かしいねえ。今何してんの？」

そんな話になる。

「ここじゃなんだから、時間ある？　なんなら、お茶していかない？」

そして駅前の喫茶店に入った。

J子さんは看護師になっていた。

「うちの家、もう古くなったんで建て替えしたんよ」

「知ってる。私も結婚して、この町出たんやけど仕事の関係でたまにこの駅、利用するんよ」

そうしているうちに、あの時の話になった。

「そういえばな、あんた、うちらと一緒に首吊り、見たよね」

「ああ、覚えてる。ショックやったわ」

「あのね、あんまり言うなって両親に口止めされてたんやけど、今やったらええやろ。ちょっと変な話、するよ」

そうJ子さんに言われた。どんな話？

「『首吊りしてはる～』って叫んでたん、隣の若奥さん言われてたK子さんやねん。でな、首吊ってたのって、その本人やってん」

「え……？　どういうこと」


そのK子さんは、当時、隣家に嫁いできて二年もたっていなかったという。ところがその家では嫁いびりが酷《ひど》かったらしい。夫はそれに対して妻を擁護するでもなく、放置していたようなのだ。もちろん、隣家のひとたちは会うと愛想よく挨拶《あいさつ》するし、ニコニコ顔で話しかけてくれたりもしていた。しかしそれは、世間体を気にしての嘘の顔、仮面だという事は子供心にもJ子さんは察していた。

「それでな」とJ子さんの話は続いている。

「うちら、K子さんが『首吊りしてはる。来て』て言うてたの見てたやん。あの後、うちの両親と近所の人らと、その家に入ったんや。そしたら、部屋の中で腰を抜かして『あわあわ』言うてる、その家のおじいさんがいたんやて。で、ふと前を見たら、首を吊ってる女の人がいて。それってさっきまで助けを求めてた、一緒にこの部屋に入ったはずの、K子さん自身やってん。みんなびっくりして」

話としてはこういうことだ。

昼になって、野良《のら》仕事から帰ってきたのが隣家のおじいさん。K子さんの義父にあたる人。昼食は家で摂《と》るのが日課だった。それでいつものように台所に入ったが、お昼の用意がされていない。

「K子、K子、わしの昼はどうなっとんのや」と言いながら彼女を捜した。そして仏間の襖《ふすま》を開けると、首を吊ったK子さんが目の前にぶらさがっていたのだ。そのままおじいさんは、腰を抜かして失禁し「あわあわ」と言ったまま、動けなくなった。

そして、外に出て「吊ってはる、吊ってはる」と助けを求めたのが、首を吊ったK子さん自身だった……。

お葬式の用意を執り行ったのは、J子さんの両親や近所の人たちだった。

そして隣家の嫁いびりのことは近所に拡散してしまって、J子さんの家も近所づきあいをしなくなった。そしてすぐに家の建て替えをして、その時にブロック塀で隣家の庭とも遮断した。

「今、お隣、あんまり顔も見いひんし、ひっそりと暮らしてはるみたい。まあ、お付き合いしてないからわからんけどな」

かわいいこと

Aさんというキャビンアテンダントがいる。
ある日、鹿児島空港に着いた。この日は現地に宿泊することになっている。
この時、あるチーフパーサーから「あなた、ホテルどこ？」と聞かれた。
「○○ホテルです」と、それまで聞いたこともなかったホテル名を言った。
すると「あら、そう」と、意味ありげな含み笑いをされた。
「まあ、これも経験かしらね」
は？　なんのこと？
ホテルに着いた。ごく普通のホテルだ。
疲れていたので部屋に入ると、さっそくシャワーを浴びて寝ることにした。
夜中、ふっと目が覚めた。
（えっ、なんで目が覚めちゃったんだろ？）

仰向《あおむ》けに寝ていたので、自然と天井に目が行った。

人影が天井にある。ぼんやりとした影。

いや、よく見ると、丸髷《まるまげ》を結ったおばあさんで、和服を着ていることがわかった。

(あっ、あの含み笑いって、このことだったのね)

ともかく、あれは幽霊なのかしら。だとしたら、なんとかしなきゃならない。

頭の中で懸命に「南無阿弥陀仏《なむあみだぶつ》、南無阿弥陀仏」と何度も唱えながら、帰ってください、帰ってください、と必死に祈った。

すると、その影がすうっと降りてきた。

しわだらけの顔が、はっきりと目の前にある。

そして、

「かわいいこと」

そうひとこと言って、そのまま消えた。

怖くて怖くて、布団にくるまったままガタガタと震えていたが、いつの間にか寝ていた。

翌朝起きて、昨夜のあれはなんだったんだろうと思いながらカーテンを開けた。

窓の外は一面、墓場だった。

デスクトップの絵

Aさんは今、インターネット配信サービスに関わる会社に勤めている。学生時代は画家を目指して、東京にある美術系の大学に通っていた。絵を描くことだけは自信があった。

夏休みのある日、こんなことがあった。

帰省するために新幹線に乗り込んだ。すると、老夫婦が「ちょっとすみません」と声をかけてきた。

見ると、六歳くらいの男の子と四歳くらいの女の子の手を引いている。

「どちらへお越しですか?」と聞かれたので「岡山です」と答えた。

「あの、この子たち、京都に行くんです。京都駅にはこの子たちの両親が待っていることになっているのですが、新幹線に乗っている間、この子たちのこと見てもらえますでしょうか」と老夫婦は頭を下げる。

三つ並んだ席の通路側がAさんの席。あとの二つはこの兄妹《きょうだい》の指定席だった。

「はい。いいですよ」と二つ返事で引き受けると、老夫婦は子供たちを席に残し、車両を降りて行った。そして新幹線はすべるように東京駅を出発した。

二人の子供たちは大変に人懐こく、京都までの約二時間を一緒に過ごした。

Aさんがスケッチブックを持っているのを見て「ねえねえ、お兄ちゃんはお絵描きするの？」と尋ねてきたので「そうだよ。お兄ちゃんはね、将来、有名な画家になるんだよ」と答えた。

じゃあ、何か描いて、という子供たちの要望に応《こた》えた。

「ピカチュウ描いて」「じゃあ次、アンパンマン！」「あっ、富士山《ふじさん》描いて！」

Aさんはそれらをスケッチブックに描いていく。

「わあー、凄《すご》い」と言って、子どもたちはきっきゃと喜んでくれる。ちょっと得意な気持ちになって、それらの絵の下に自分の名前をサインした。

そうこうしているうちに、京都駅に着いた。

「ここだよ」とホームまで迎えに来ていた両親に無事会わせることができた。

何度もお礼を言われ、頭を下げられた。

「じゃあね、バイバイ」

そう言い残して、席に戻った。しまった、と思った。

いままで車内で描いた絵は、子どもたちにあげるつもりだった。だからサインしたのに。席に置かれたスケッチブックを見てそう思ったのだ。

やがて、大学を卒業した。しかし、画家にはなれなかった。

今は、大阪に住んでいて、インターネットの接続を頼まれると各家庭を訪問して、接続をしたり相談にのったりする仕事をしている。


ある時、老夫婦からこんな相談を受けた。

「孫とパソコン上で話ができると聞いているが、どうすればそれができるのかわからない。うちに来て、それができるようにしてほしい」

「わかりました。お伺いします」と、約束した日に大阪市内のある家庭を訪問した。

老夫妻が二人で住んでいる一軒家。

さっそく、パソコンを見せてもらうと、あっ、と思った。

デスクトップに見覚えのある絵があったのだ。

(この絵、確か、十年ほど前、新幹線の中で俺が描いた、あの時の絵や。間違いない、絵の隅に俺のローマ字のサインもある！　でもあの老夫婦とこの人たちは全然別の人だし。いや、あの絵を描いたスケッチブックは、そのままの状態で、岡山の実家にあるはずだ！　じゃあ、これは？)

接続が終わって試してみた。お孫さんとの会話もできるようになった。

そして、お茶とケーキをいただいて、老夫婦のちょっとした身の上話を聞かされた。

その時、Aさんは聞いてみた。

「ところで、パソコンにあるあの画像はどうされたんですか？」

するとこんな話になった。

「私らには何もわからないんですわ。だから、みんな息子夫婦にやってもらっているんですよ。息子が言うには、孫がある日、こんな絵を描きだしたと。この子は天才だなあ。凄い凄い、言うて、スキャナーで取り込んで送ってきてくれたんです。まだ幼稚園にも行っていない子なんですよ」

「ローマ字のサインがありますね」

「そうなんです。まだ字も書けない子が、こんなサインまでしているって。天才だ、この子は天才だって、息子夫婦は大喜びで」

ちなみにお孫さんの名前を聞いてみたが、まったく違う名だった。

その後、岡山の実家に帰った時確認してみたが、ちゃんとあの時のスケッチブックは存在していて、絵も一枚として欠けてはいなかった。

普通、知らない人のパソコンのデスクトップなんて見る機会はない。こんな仕事をしているから、たまたま見つかった。

ひょっとしたら、こういうことは、他でも起こっていることなのかもしれない、と思ったのだという。

会長秘書

M子さんという女性は、大阪に本社を置くある商社に勤めていて、秘書をやっている。非常にクールで有能な人で、会長、社長のみならず部長クラスの秘書を兼務している。

会長は東京在住で、月に一度だけ大阪本社に顔を出すことになっていた。

会長が明日来社する、というある日の事。

M子さんは、会長室の掃除、整頓《せいとん》、書類や郵便物の用意をしていたが、なぜか涙が出て止まらない。

(この涙は何?)

ただ、今はやるべき仕事を淡々としているだけ。そこに何の感情もない。なのに、ボロボロと涙が出てくるのだ。こんなことは初めてだ。胸騒ぎがする。

一時間ほど、ずっと涙を流しながら、会長を迎える準備をした。

その後、自分のデスクに戻ると、東京支社の会長付の秘書に連絡を入れた。

会長の明日の予定を確認し、

「ところで」と、M子さんは、こんなことを聞いた。

「会長さん、お変わりありませんか？　お元気ですか？」

「はい、お変わりありませんよ」という声の調子が気になった。

「ほんとにお変わりありませんか？」

念を押すように聞く。すると「実は……」という話になった。

「これは内密にということなんですが、実は末期の膵臓《すいぞう》がんが見つかりました。あと、三カ月の余命宣告を受けられています」

「ほんとうですか！」

「ええ。でも体に症状はまったく出てなくて、お元気に出社されています。顔色が悪いとか痩《や》せられたということもまったくないんです」

M子さんは、涙の原因を悟った。

もう、会長とはお会いできないという涙だったんだ、と。

翌日、会長は時間通りに会社に来て、淡々と業務をこなすと、夜には東京へ帰っていった。

余命三カ月のところ、四カ月めで亡くなったが、大阪本社に来たのは、その日が最後だったそうだ。

おじいちゃん

Kさんには行きつけの理髪店がある。

彼が行くと、必ず店長が応対してくれる。

この日も髪を切ってもらいながら、店長と話をしていた。すると店長はこんな話をしだした。

「今年、うちのおばあちゃんが亡くなったんですけどね。ちょっと不思議なことがあったんですよ」

このお店は、店長の祖父と祖母が開業し、父と母が二代目を継ぎ、今の店長夫婦で三代目である。初代である祖父、祖母は孫である今の店長が店を継いだ時に引退したのだ。

祖父夫婦は、揃って仲良く散歩に出かけ、ショッピングをして、小旅行を楽しんだりと仲むつまじい毎日を送るようになった。その元気だった祖父が去年亡くなったのだ。

体調を崩したのは突然のことだった。そしてそのまま寝込んだという。

店長は毎朝、「おじいちゃん、今日もたくさん予約もらっているよ。しっかりお客さんにサービスしてくるからね」と必ず声をかけて店に出るようになった。

しかしだんだんとその容態も悪化していき、その耳に孫の声がちゃんと届いているのかわからなくなった。それでも、毎朝声をかけることは続けていた。

そのうち医者も「そろそろ覚悟しておいてください」と言ってきた。

それから一週間して、祖父は亡くなった。

その亡くなった時間が、日曜日のお店が終業した直後だったのである。

これが金曜日や土曜日だったら、予約されていたお客さんに連絡して、日時の変更かキャンセルをしてもらうことになるところだった。だが理髪店は月曜日が休みなので、その必要もなく、翌日は葬儀に集中することができたのだ。

しかしその直後、今度は祖母が体調を崩してしまった。そして家族に「おじいちゃんのところへ行きたい」と言いだした。ただ、この時は寝込むほどのことではなかったし、医者に行こうと勧めると「たいしたことない」と拒否をした。

そして年が明けて、二月のこと。

祖母が「背中が痛い」と言いだした。

「だったらおばあちゃん。お医者さんに診てもらった方がいいよ」と言っても「いや、たいしたことない」とやはり医者に行こうとしない。

そのうち、そんな祖母も寝込んだ。そして起き上がることが辛《つら》くなった。

救急車を呼んだ。

医者の診たては「肝臓にひどい炎症がある」ということだった。

本来ならば、入院して手術となるところだが、祖母の高齢を考えると、手術に耐えられる体力があるのかが問題となった。それに祖母自体が相変わらず「おじいちゃんのところへ行きたい」と口癖のように言っていて、生きようという、前向きな気持ちがまるでないように思える。

そこで祖父と同じく、入院はせず、自宅療養ということになった。そして、自宅で寝たきりになった。

店長は祖母にも「おばあちゃん、今日はFさんに予約していただいているよ。サービスしてくるからね」と声をかけてお店に出るようになった。

自宅で寝込んで三日めの夜のことだ。

祖母は天井を見たまま「おじいさんがおる。おじいさんがおる」と呟《つぶや》き始めた。

「ああ、あんなに元気で、頭のしっかりしてたおばあちゃんも、三日も寝込むとボケてくるんやなあ」

「そやねえ。ちょっと寂しい気がするねえ」

店長夫婦はそんな話をしたらしい。

そしてこの祖母も、日曜日の夜、お店が終業したころに亡くなったのである。「おじいちゃんと亡くなった曜日がいっしょ。そしてほぼ同時刻。こんなことあるんですねえ」と、店長はKさんに言う。

「それでね。おばあちゃんが亡くなった日の朝のことです。妹夫婦がうちへ見舞いにきましてね」

この妹夫婦には、二歳の女の子がいた。

この子が、誰もいない廊下にひとり立って、階段をじっと見ているのを店長は見たのだ。あの子は、なにをしているんだろう……。

声をかけようと近づいてみると、その子は一点を見つめて、「おじいちゃん、おじいちゃん」と小声で呼んでいたのだ。

その時思ったという。

この子、おばあちゃんと同じことを言っている。おばあちゃんはボケたと思っていたけど、ほんとにおじいちゃん、来ていたのかもしれない。

その夜、祖母は亡くなった。

店長は言う。

「これがね、偶然というんですか、おばあちゃんが亡くなった日が日曜日という事もあったんでしょうけど、おばあちゃんの子供、その奥さん、旦那《だんな》さん、孫、ひ孫が全員揃ったんです。それだけじゃない。おばあちゃんの親しい友人、親戚《しんせき》、縁者、一人残らずおばあちゃんが寝ているベッドの周りに集まって、おばあちゃんが息を引き取るのを見守ったんです。こんなことは珍しいんです。ほんとに幸せな最期って、こういうことかなと思いました。それに、あれほど痛い、痛いと言っていたのに、最後の日だけはそんなことは一言も言わなかったんです。ほんとに、みんなに送られて、安らかに永眠したんですよ」

そこで、散髪が終わった。

店長の話はまだ終わらない。

「それでね、Kさん。あの時、おじいちゃん、本当に来てくれていたと思うんですよ。そしたらもう、完璧《かんぺき》じゃないですか」

それを聞いてKさんも言う。

「そうですよね。まあ、二歳とか三歳の子って、僕ら大人には見えないものが見えるような純粋さというものがありますもんね。だからきっと、おばあちゃんにも、おじいちゃん、見えていたんですよ。それに僕たちってあの世の事、知らないじゃないですか。死ぬのは怖いとか、不幸とか、不安とか思いますけど、愛する妻や旦那さんが迎えに来てくれれば安心して逝けますもんね」

そして店長は、椅子を横に向けると「お疲れ様でした」と、笑みを浮かべた。

Kさんも立ち上がって笑みを返した。

そこに、店長の奥さんがブラシを手にしてやって来ると、Kさんの衣服に付いている髪の毛を、パッパッと、払い落としてくれる。

店長は、さっきまでKさんが座っていた椅子に肘《ひじ》をついて体重を預けながら、ちょっと幸福そうな表情で遠くを見ている。そして奥さんに語りかけた。

「なあ。お前もそう思うやろ。あの時、おじいちゃん、来てくれてたよな」

すると奥さんは相変わらず、ブラシでKさんの服に付いた髪の毛を払いながら言った。

「う〜ん。私はそういうの、よくわからんけどねえ。でも、おばあちゃん、私にこんなこと聞いてはったわ。『あのおじいさん、誰?』って」

庭の龍

Sさんという男性がいる。

彼の実家は、味噌《みそ》とたまり醤油《じょうゆ》を醸造する創業百年を超える老舗《しにせ》である。

二十年ほど前、父を継いで四代目となった。

家の庭には、土塀に囲まれた日本庭園風の庭があった。家の者は「坪庭」と呼んでいた。

これは、Sさんの幼少の頃の記憶だという。


当時Sさんは坪庭で、虫を捕まえたり植物を観察したりする毎日を過ごしていた。

ある日も、坪庭に入って遊ぼうとした。すると庭に見慣れないものがあった。

りんご箱の半分くらいの大きさの木の箱が置いてある。今まであんなもの、見たことが無い。家の誰かが置いて行ったのだろうか？

近づいていって、その箱をそっと持ち上げてみた。

妙なものがいた。

それは、一見蛇のようだった。四、五十センチほどの長さでとぐろを巻いていた。だが、全身の鱗《うろこ》は赤っぽいようで、黄金色に輝いている。頭には角が二本。立派な髭《ひげ》がピンと伸びている。背中には鬣《たてがみ》が揃い、尾にはとげとげのようなものがある。

(龍《りゅう》だ!!)

幼心にそう思った。

そして家族に知らせようと大声を出した。

「ねえねえ、龍がいるよ。庭に龍がいるよ!」

しかし、返事が無い。

「ねえってば、龍がいるよ。来て来て!」

ようやく家の者が母屋から顔を出した。

「龍？　そんなもんいるわけがない」

「ほんとだよ。ここにいる。ほらほら、来て来て」

醸造蔵からも従業員の何人かが出てきてこちらを見ているが、笑っている。

「嘘じゃないよ」

Sさんは、父の所へ行くと、手を引っ張って龍のいた場所へ連れて行った。

「あれ？」

龍などいない。いや、あの木箱もないのだ。

「まあ、ヤモリかトカゲか、大きなムカデでも見たんやろ」

そう言って、また笑われた。

それからずっと、心の中がもやもやしているという。

本当に龍を見た。見間違いじゃない。しかし、幼い頃に見たから、記憶違いがあるのかもしれない。いったい、あれはなんだったんだろう、と。


そして今年のことである。

Sさんの次男が高校生となった。通う予定の高校は全寮制で、家を出ることになったのだ。それである日、次男と向き合って思い出話に花を咲かせていた。

すると次男がこんなことを言ったのだ。

「父さん。そういえば俺、幼い頃坪庭で遊んでて、龍を見たよ」

「えっ、ちょっと待て。龍を見たって？　いつ、どこでだ！」

聞くと、Sさんが龍を見た時と、全く同じシチュエーションだった。形も色もその通りだった。赤いような黄金色の鱗。

「あれは絶対龍だったよ」と次男は言う。

Sさんはそれを聞いて、五十年持ち続けてきたもやもやが、一気に晴れた気がしたという。

浪曲が聴きたい

今年八十歳になるFさんというおばあさんがいる。

以前は介護施設で働いていたが、今もお元気でケアマネジャーという肩書を持っている。

一度だけだが、こんな体験をしたという。


五十代のころ、老人ホームで働いていた。

ある日、夜勤となった。Nさんという同じ年の女性スタッフと、見回りを終えて、事務所で休息をしていた。

そこにIさんというおばあさんがやって来た。

時計を見ると、夜中の二時。

「あれ、Iさんやね。こんな時間にどうしたのかしら」

そう言っていると、窓口に顔を寄せて「浪曲聴きたいねんけど、何時に来たらええ？」

「あっ、それでしたらねえ。朝六時に浪曲流しますから、その時に来てくださいね」

とFさんが声をかけると、そのままIさんは自室へと戻っていった。

朝五時。この時間ともなると目覚める老人たちも多い。

Fさんは「六時になったら朝ご飯ですよ」と、声をかけながら施設内を巡回する。

Iさんの部屋の前に来た。

「浪曲、六時ですよ」と声掛けしようとして、ふと気がついた。

部屋の名札が別人の名前に替わっている。

(あっ、Iさん、亡くなってたんや)

慌てて事務所に戻った。

Nさんがいた。

「Iさん、死んどったな。Iさん、死んどったな」

そう言うと、Nさんも、あっという表情を見せた。

「あっ、そうか。でも、夜中の二時、うちらIさん見たよな。会話もしたよね」

その時のIさんの表情と言葉は、今も鮮明に脳裏に残っているという。

桐簞笥

ある若い女性が結婚した。

実は、結婚先からは随分と反対されたが、夫となる彼氏が説き伏せてのゴールイン
だった。

結婚をすると、その夫の実家のある岡山県の某町に住むことになった。

しかし、姑《しゅうとめ》との関係はうまくいかない。何かがあると一方的に責められる。ぐち
ぐちと嫌味を言われる。とくに夫が仕事で留守にしている間は、随分とぞんざいな扱
いを受け、自分の分だけ食事が用意されない、ということもある。

部屋で一人泣く日々がつづいた。

すると、必ずその部屋で起きることがある。

彼女が一人泣いていると、部屋にある桐簞笥《だんす》の引き出しが、スルッと勝手に開くの
だ。

この簞笥は、なんでも姑さんがこの家に嫁入りした時に、嫁入り道具として持って
きたものだという。

ある日も泣いていると、スルッという音がして、見ると桐箪笥の三段目の引き出しが開いていた。

最初は、空気の圧力だとか、気圧の関係かなと思っていたが、どうやらそうではないようだ。

普段はけっして開かない。また開けるにしても、そこそこの力が必要だ。

だが、彼女が泣くと、必ず勝手に開く。

「こんな妙なことが起きるようになったのも、お前のせいだ。怖《こ》おうて寝られんわ」

姑が、たまにそんなことを言ってくる。

ただし、姑は桐箪笥のことは何も知らない。

どうやら、姑の部屋でも何かが起こっているようだ。

龍が見える人

茨城県に住むEさんという女性は、職場で同じ年のAさんと知り合った。

彼女には不思議な能力があるという。

例えば、知り合い親戚《しんせき》縁者で、結婚式が決まったとか、子どもが生まれるとか、何か祝い事があるという日に、朝日の中に龍を見るのだという。

キラキラ光る朝日を浴びた雲の中に、タバコの煙のようなものが現れたかと思うと、それがだんだんと全身金色の鱗《うろこ》に覆われた巨大な龍《りゅう》となって空を舞い、しばらくすると雲の中に消えるのだ。

そんなとき、あっ、今日は何かおめでたいことがあるな、と思い、その日のうちにおめでたい知らせが届く。

その、Aさん自身も、たいへんに身も心も美しい女性なのだそうだ。

そんなAさんと毎日一緒に仕事をしているEさんも、なんだか感化されたのか、勘が鋭くなってきた。

ある日、友人から「今度、私の主人がね、単身赴任することになったのよ」と言われて「パリですよね。いいところですね」ととっさに返答した。

「えっ、パリってなんでわかったの？」

なんとなくわかったのである。口では言い表せない。

「今、つきあっている彼がいるんだけどね……」

「営業のKさんね。いい旦那《だんな》さんになるわよ」

「えっ、Kさんて、何で知ってるの？」

そんなことが多くなって、ちょっと気味悪がられたが、いいことの予兆がふっと脳裏をよぎるのだ。

それだけではない。毎日、心が落ち着き、平穏なのだ。悪い考えも起きない。嫌悪感という感情もなくなった。

いっぽうで、欲望というものも希薄になった。性欲もまったくない。だから異性にときめかなくなった。ドキドキ感、ワクワク感という気分の高揚も無い。

何か、つまらない。

一年たって、Aさんは別の務署に転属となり、そこからは会わなくなった。

すると、そこからまた、日に日に煩わしく、欲望に満ち満ちた毎日に戻っていったのだ。

Eさんは言った。

「あまりにも清浄で、汚れもなく、清らかな状態っていうのも、つまらないものですよ」

カルテの虫干し

ある女医さんの家は、二百年以上も前から続く、医者の家系だそうだ。

そこは城下町で今もお城が残っているが、お城の殿様が病気になると診察に出向いたようで、格式の高い医者だったという。そしてそういった江戸時代の診察の所見である現代のカルテにあたるものから、明治、大正、昭和から現代にいたるまでのカルテが代々残されているそうなのだ。

特に古いカルテは、岡持のような古い箱の中に一杯保存してある。

それをこの家では、四年に一度、全部出して庭で虫干しにするという風習が、代々続いているという。ところが、虫干しをすると必ず年内に身うちの者が一人死ぬのだ。

だからといって、二百年以上続いているものを今、止めるというわけにはいかない。

前回虫干しした時は、おばあさんが脳卒中で倒れてそのまま亡くなった。その前の時は、直後におじいさんの癌が見つかって、一カ月後に亡くなったという。

「今年、虫干しの年やから、なんか気が重いんですよ」と、当の女医さんは言う。

「じゃあ、虫干しせんかったらええやん」

それを聞いていた同僚の医者Sさんが言う。

「それが、虫干しせんかったら、うちにもっと酷《ひど》いことが起こるんよ」

「どんなこと?」

「ちっちゃい子供が死ぬのよ。虫干ししたら年寄りから死ぬけど、せんかったら子供が死ぬ。だからまだ年寄りが死ぬ虫干しした方がましやねん。まあ、今年は私の母が年取って死にかけているから、それでええかなと思ってはいるんやけど」

Sさんはこの話を聞いて、最初は祟《たた》りとかそんな話かなと思ったそうだ。だが、いや待てよ、とこんな解釈をした。

「年寄りが死ぬんなら、それはいいことじゃないかな。虫干しすることで子供が助かって年寄りが死ぬ。それって、家の守り神の仕業かもしれないね」

その言葉を聞いて、女医さんはハッとした表情を見せた。

「あっ、そうか。そういうことか」

なんだか納得して、そんな言葉を発したそうである。

十万円

Sさんという男性がいる。

「昔のことなんですけど、恋人がいましてね」

ところが事情があって、彼女が遠くに引っ越してしまった。遠距離恋愛になってしまったのだ。

会えなくなったので、お互い携帯電話で長話をすることが楽しみになった。

電話をする時刻はだいたい決まっていて、その時間に電話をすると彼女はいつも待っていてくれていた。

Sさんは電話をしながらいつもすることがある。

彼女と話し始めると、まず独り暮らしのマンションを出る。近くの公園へ向かうのだ。

途中、自動販売機で缶コーヒーを買う。それを持って公園に入り、公園内をうろついたり、ベンチに座ったり、しゃがみこんだりして、彼女との会話を楽しむ。

毎日、これが続いた。

ある肌寒い秋の日のこと。

いつものように携帯電話を片手にマンションを出ると、自販機でホットコーヒーを買った。そして公園に入って、うろうろしながら彼女との会話を楽しんでいた。

すると、ジャジャ、とノイズが入って、彼女の声が途切れた。

「あれれ、どうした？」

すると、

「おーい、S。おーい、S」という声が代わりに聞こえてきた。

どきっとした。

特徴のあるその声で、すぐに分かった。

友人のM君の声だ。

ただ、彼は先日亡くなっている。

「うわっ、なんだ？」

するとすぐに、声は彼女に変わった。

「でね、私言ったの。あれはさあ、そうじゃなくって……」

さっきまで彼女がしゃべっていた話の続きを機嫌よく話している。どうやら、彼女の電話には、ノイズも声の途切れもなかったようだ。

ところが、しゃべっている彼女の声にかぶさって、やはりM君の声が、ぼそぼそっと聞こえるのだ。

彼が何を言っているのか、はっきりとは聞き取れない。だが、何かを訴えようとしているのはわかる。彼女には悪いが、ぼそぼそっと何かを言っているM君の声に耳を集中させた。

すると、なんだか頭の中にメッセージが来た。

〈俺、こんなことになったけど、成仏したから心配するな〉

そう言っている。そして、

〈実は、Yに十万円のお金を借りてるんだ。そのことがとても気になっている。だからYにすまんかった、ちゃんと返すからと、伝えておいてくれ〉

M君の声が途切れた。また彼女の声だけが、電話の向こうから聞こえている。

後日、Y君に会った。彼は亡くなったM君との共通の友人だ。

この時、M君のメッセージを彼に伝えた。

「ええっ？」

Y君は大変に驚いて言った。

「確かに俺、Mのヤツに十万円貸してたよ。でも、俺はヤツに催促したことはないし、するつもりもなかったんだ。ヤツにはそれ以上の世話になっていたからな。けど、このことは俺とヤツだけしか知らないことでね。ヤツに言われていたんだ。『このことは親にも言ってくれるな、誰にも言うな。このことは俺の恥だと思っている。だから必ず返す』ってな。でも、お前の電話に伝言したMの話は、信じるよ。そうでなきゃ、十万円の件をお前が知るわけがないからな。それに、実は十万円は返してもらったんだ」

「えっ、そうなのか？」

「実は、不思議なことがあってな。お前も知っている通り、Mは突然死んだろう？急に倒れて救急車で搬送しているうちに死んでいた。そしたらその後、Mのご両親が来られて、十万円を返していただいて、お礼を言われたんだ。俺がヤツに十万円貸していたことのみならず、今俺が住んでいる住所も知らないはずなのに、どうしてかな、と思っていたんだけど、そういうことだったんだな」

安宿

長年営業職で全国各地を回っているBさんという男性がいる。

一度だけこんなことがあったと話してくれた。

大抵は、安い旅館やビジネスホテルに泊まる。だからか、たまに部屋に入った途端、あっ、ここダメだ、と感じることもあるらしい。とは言っても、そこに寝て何かがあったという体験は皆無だという。

ただ、岐阜県のあるビジネスホテルの部屋に入った途端、あっ、ここダメ！　と思ったのと同時に、ゾゾゾッと総毛立ったのだ。

こんなことは初めてだ。

とはいっても、いつものように何もあるわけないだろうと、ベッドに潜り込んだ。

夜中、ふっと目が覚めた。

仰向《あおむ》けに寝ていて、グッと背中を押されたような感覚がしたのだ。

なんだ？

そう思って起き上がり、掛け布団をのけてベッドを見てみた。

何もない。

気のせいかなと、寝直した。するとまた、グッと背中を押された。

「古いベッドやからなあ。スプリングでも壊れているんだろうか？」

そう思ってもう一度見てみた。何もない。手を這《は》わせても突起物などない。

また寝直した。

グッと押された。

間違いない。何かある！

今度はシーツを取って、マットを持ち上げてみた。マットの下に何かがあった。

櫛《くし》だった。

鼈甲《べっこう》の半月形のもので、たいそう古いもののようだ。櫛は、ちょうど背中の位置にあった。

触る気がしなかったという。やはり怖かったのだ。

マットを元に戻すとシーツをベッドから剥《は》がして、床に敷いて寝たという。

Cさんも営業マンとして年の半分ほどは、外泊している。

もう、十二、三年はこういう生活をしているが、彼も不思議な体験などしたことがないという。彼はこの世に幽霊など存在しないと言い切っている。

ただ、一度だけ、こんなことがあったそうだ。

昨年のことだ。群馬県の古い旅館に泊まった。

明日は朝が早い。ビールを飲んで、布団に潜りこんだ。

夜中、ふっと人の気配を感じて目が覚めた。枕元で子どもが泣いている。

えっ、と思って枕元の電気スタンドを点《つ》けた。

浴衣《ゆかた》を着た四、五歳くらいの男の子が正座をして、泣いていた。

「お前、どこの子だ？」

話しかけるが、泣くばかりだ。

「なんで泣いてるんだ？」

「泣いてちゃわからんだろう」

声をかけるが、ずっと泣いている。

「だったらおじさんと寝るか？」

そう言って掛け布団の側面を持ち上げると、こっくり頷《うなず》いて、布団の中に入ってきた。それで一緒に寝た。

朝になって起きてみると、男の子はいない。ただ、掛け布団は人の形を残していた。

チェックアウトの時「昨夜、こんなことがあってな……」と、係の人に言うと、

「ご冗談を」と笑われた。

はっと思い出した。

この日はコロナの流行で、この旅館の宿泊客はCさんだけだと聞かされていたのだ。

裏の竹藪

ある人の実家の裏には竹藪《たけやぶ》があるが、不思議な現象が起こるのだそうだ。

地震が起きる前日に必ず竹藪全体が、白く光るのである。

その光は遠くからでも見られるほどの明るさで、家の者はそれを見ると地震対策の準備をして、竹藪の奥にある避難小屋に退避するのだという。

この小屋は、いつからあるのかわからない、かなり古いものなのだそうだが、中には常に飲料水や非常食が揃えてある。

何年か前の大地震の時も、竹藪が光って家族全員が避難して無事だったという。

この時周囲はかなり揺れて、地元では大きな被害におそわれたが、この竹藪だけはまったく揺れなかったのだ。

不思議なことはまだあって、竹藪というのは放置しておくと、タケノコがどんどん生えてきて、藪そのものが広がっていくから、管理は大変なものなのだが、この竹藪はそうはならない。円周状の形をした土地の中にのみ竹は生い茂っていて、ここからは決して広がらないのだ。また、枯れた竹というものも見たことが無い。

だから、この竹藪は先祖代々からの家の守り神だという事になっている。

「じゃあいっそのこと、その竹藪の中に住んだらどうですか？」と聞くと、

「いや、とてもじゃないが、藪蚊が多くて住めませんよ」と言われた。

ずれた世界

Mさんという女性が「私が小学四年か五年の頃のことです」と話してくれた。十数年前のことだ。

休みの日、母と二人で近くのスーパーマーケットに出かけて買い物をした。母の買い物にずっと付き合っていたが、だんだん退屈になってきた。

「ママ、二階に行っててていい？」

「おとなしくしとりや」

「はあい」と返事をしてエスカレーターに乗った。

ここは二階建てで、一階はスーパーマーケット。二階はテラスのあるカフェとその隣に本屋さん、向かいには中華料理屋やファーストフード店などがある。Mさんは本屋に寄って、立ち読みをしようとしたのだ。

二階に着くと、そこもかなり賑《にぎ》わっていて、低いパーティションに区切られたカフェが見えていて、多くの客がコーヒーを飲んでいるのが見えたし、ファーストフード店にも人が並んでいた。

Mさんは本屋さんに入って、目的のコミック本を探した。店内にも何人かいて立ち読みをしている。

目的のコミックがあった。それを手に取ってページを開いた。

しばらく読みふけって、はっとして顔を上げた。

とてつもない違和感がある。音がまったくしないのだ。

それもそのはず、さっきまで何人かいたこの本屋の店舗に、今は誰もいない。お店のスタッフの姿も消えている。無人でがら〜んとしている。

本を閉じて、店を出た。

誰もいない。

隣のカフェテラスを見るが、さっきまでお茶を飲んでいた人たちの姿もまったくない。ファーストフード店の前も誰もいない。

この二階のスペースに、自分一人だけが、ポツンと残された感覚だ。

まるで、ゴーストタウンだ。

ふと、何かの気配を感じて振り返った。

本屋さんの前に、女が立っていた。

全身が真っ赤だ。赤い帽子、赤いワンピースに赤い靴。ただ髪の毛は長い黒髪だ。

「わあ、こんなん怪談のあるあるやん」

子供ながらにそう思った。

よく見るとその女は、顔はやや俯《うつむ》き加減で、そこに影があってよくは見えなかったが、赤い服から出た腕や脚は、ややグレーがかっていて、なんだかこの世の人とは思えなかった。

この時、怖い、という感情が込みあがってきた。

この広いスーパーの二階に、今、自分と不気味な女の二人きり。

猛ダッシュでエスカレーターを駆け下りた。

スーパーマーケットはいつも通りの賑やかさで、母を見つけた時には泣きそうなほどに安堵《あんど》した。

「ママ、ママ」とその手にしがみついて「今、こんなことがあったよ」と話したが、「なにわけわからんこと、言うてんの」と聞き流された。それどころか、「それよりもう買い物済んだから、二階の喫茶店でお茶飲んで帰ろうか」と言いだした。

「あかん、ママ。二階は絶対行ったらあかん」

その腕をつかんで止めようとしたが、そのままエスカレーターに乗ってしまった。

カフェにはいつものように大勢の人がいて、お茶を飲んでいた。本屋さんにも、ファーストフード店にも人がいる。賑やかな人のざわめきがちゃんとあった。

そしてあの赤い女の姿はなかった。

Mさんは思ったそうだ。

異次元というのか、別次元というのか、普段の生活をしている場所とは似ているけど、微妙にずれた世界がある。あの数分間、私はそこに紛れ込んだのかなあ、と。

東の方向

Mさんの父が亡くなった。

ところがある日から、その父が、自宅の庭に立っているのが見えるようになった。庭からは海が見えるが、父はその海に向かって右手をまっすぐに伸ばし、人差し指で東の方向を示している。そしてそのまま微動だにしない。まるでそれは「少年よ、大志を抱け」と言ったクラーク博士の銅像を思い出させるようなものだ。

当然、不気味に思った。いくら父親とはいえ、死んでいるわけだ。幽霊っているんだな、とも思う。だが、父はただ立っているだけで、何をするでも、何があるわけでもない。そして気がつけば消えている。

他の家族の者は何も言わないので、亡き父の姿を見ているのは自分だけかもしれない。そう思ってMさんは、家族にはこのことは黙っていたという。

ある日「ねえ、最近、亡くなったお義父《とう》さんが庭先に立ってるけど、なんだろうね」と奥さんが言いだした。

「なんのことだ？」と最初はとぼけてみた。

「なに言ってるのよ。あなたにも見えてるんでしょ？　右手で海を指さして。クラーク博士みたいで」

「なんだ、お前も見えてたのか？」

「どうする？　お寺さん、呼ぶ？」

「そうだなあ。どうしたものかなあ」

夫婦で話し合ったその夜のことである。

一人息子のI君が「相談があるんだけど」と言ってきたのだ。

「相談？　なんだ？」

「実はね父さん。俺、今行っている大学をやめて、アメリカに留学したいんだ」という。

「アメリカかあ。確かにお前はアメリカ留学するのが夢だったことは知っているし、できればかなえてやりたいところだが……」

Mさんはこの時まで、息子のI君に黙っていたことがあった。それを言わなければならなくなった。

「お前には勉学に集中してもらいたかったから言わないでいたが、実は今、父さんが経営している会社の業績が、不景気のあおりをくって、上手《うま》くいっていないんだ。というか、倒産してしまうかもしれない。お前を大学にやるだけで精一杯でもう余裕はない。お前のアメリカ留学の夢をかなえることはできない。実はもう多額の借金も抱えてしまっているんだよ。すまない。これ以上、金銭的な援助はできないんだ。だから、今の大学を卒業して、お前には自立してほしい」

そう言って、Mさんは息子に頭を下げた。

するとI君は「父さん、お金だったら全然心配いらないよ」と言う。

「どういうことだ？」

するとI君はいったん席を外すと部屋を出ていき、しばらくして戻ってきた。手に、預金通帳を持っている。見ると、息子の名義になっている。

通帳を開いてみた。

一千万円を遥《はる》かに超える残高が記載されている。

「これは？」

「これは、亡くなったおじいちゃんが僕のために貯めていてくれたんだ」

Mさんの父にとって、I君は初孫。すごくかわいがっていた。そして、そのかわいい孫のためにずっと内緒で、預金をしていて、これだけの金額を残してくれていたのだ。

I君によると、おじいちゃんの亡くなる直前に手渡されたのだという。

その話を聞いて、Mさんはじんと、胸が熱くなった。

「そうか。お金の心配がないのなら、お前の好きにしたらいい」

一ヵ月後、I君はアメリカに旅立った。

そしてこの日以来、庭に父が現れることもなくなった。

合点がいった。

「お義父さんが出ていらしたのは、こういうことだったのね」

「そうだよ。父さんが指さしていたのは東の方向だった。海の向こうの東。そこはアメリカだ。行かせてやれ。そういう意味だったんだな」

I君がアメリカへ旅立った頃から、Mさんの会社の業績も回復しだした。

今は借金もほぼ返済し、事業拡大の話も出ているのだという。

彼女の声

障がい者スポーツを、ボランティアで支えているEさんという男性がいる。

彼の妹さんが、ろうあ者で耳が聞こえないということが、ボランティアを始める動機であったという。そのEさんも、もう五十歳になろうかという年齢だったが、独身者であった。

「結婚はしないんですか?」と、思わず聞くと、

「ああ、それはね、婚約者を亡くしたからなんですよ。その彼女を僕はまだ愛していますから」と彼は言う。

なんだか重い話になったと恐縮していると「実はこんなことがありましてね」とEさんの方から話してくれた。

二十年ほど前、彼には婚約者がいた。Kさんという、三歳下の会社勤めをしている女性。

いつも笑みを絶やさない、性格の明るい美人で、周りの人たちともうまくやってい

く素晴らしい女性だったという。

Kさんは海が好きで、毎年のように海に行った。

この時、Eさんはビデオカメラを持参して、彼女の姿をビデオに残した。ビデオの中の彼女はキラキラ輝いていた。

ところがその半年後、彼女は亡くなった。

首吊《くびつ》り自殺だったそうだ。

しかし、その原因がわからない。仕事はうまくやっていたし、婚約して幸せの絶頂だったはずだ。人間関係の悩みや借金ということもない。

ただ、首を吊っての自殺、という現実は否定できない。

Eさんとしては、釈然としない。彼女のことを愛していたし、そのことを思うと自然と涙が出る。何をする気も起きなくなった。やがて、会社も休みがちとなって、家に閉じこもる日が多くなった。

Eさんは、ずっと部屋にこもって、海で撮った在りし日の彼女の姿を——元気に躍動し、笑顔を見せてくれる彼女が映るビデオ・テープを、繰り返し繰り返し見て、ひとり、むせび泣くという日々を送っていたのである。

ある日のこと。いつものように彼女のビデオを見ようと、再生ボタンを押した。

画面は映り、彼女の姿がテレビに出たが、音が出ない。

「あれ？」と思って、音量を上げるがやはり何も聞こえてこない。

ただ、映像は普段の通り再現されていて、画面の中の彼女は、微笑み、カメラを向けているEさんに話しかけている。

「故障かな」

テープを入れ替えてみた。あるテレビ番組を収録したテープ。

ちゃんと音も再生された。

また、彼女のテープに入れ替えた。やっぱり音が出ないのだ。

「昨日まではちゃんと音が出てたのに、どういうこと？」

その時、ふっと背後に人の気配を感じた。

見ると、妹だった。

ただ、その様子がおかしい。妹はテレビ画面を見ながら真っ青になって、突っ立っている。

〈どうした？〉

手話で妹に伝えると、こう返ってきた。

〈お兄ちゃん、すぐにお祓《はら》いに行ってちょうだい。とにかく私の言うことを聞いて〉

どういうことかと、手話でやりとりするが、妹はただただ、〈私の言うことを聞いて。私にまかせて〉としか言わない。

やがて妹は神社の手配もしてくれて、二人でお祓いに行ったのである。

〈お兄ちゃん、おそらくこれで大丈夫だと思うけど、事故とかに気を付けてね〉と、その夜言われた。

〈一体、何があったんだ。言ってくれ〉

すると〈言っても信じてくれないだろうし、言わない方がいいのかもしれない〉と言う。

しかし、明らかに妹はテレビに映っている彼女の姿を見て、固まったのだ。気にならないはずがない。

やがて、ようやくその理由を打ち明けてくれた。また、今後同じことが起こるかもしれないからと言って。

〈私、耳が聞こえないから読唇術ができるの。だから唇の動きでその人が何を言っているのかわかるのよ。だから、私の見たことをそのまま伝えるよ〉

Eさんにとっては、無音のビデオ・テープ。

テレビの中の彼女は、にこにこと笑みを浮かべながら、こう言っていたという。

「お前を連れていく」

「絶対に連れていく」

「お前も一緒に死んでくれ」

「殺してでも連れていく」

でも、今まで彼女は、そんなこと言っていなかったぞ。

妹はこう言ったそうだ。

〈お兄ちゃん、私、思うんだけど、Kさんはそんな人じゃない。多分、彼女も誰かに連れていかれたのよ。だから神社でお祓いするしかないって思ったの。おそらくこれで大丈夫だと思うけど、身の回りでおかしなことがあったら、危ないかもしれないから、私に必ず言ってね。その時はもう一度神社に行きましょう〉

その後Eさんはバイク事故を起こしたり、なんでもない階段を踏み外して転落したりしたことがあった。車に轢《ひ》かれそうにもなった。そのたびに、神社に行ってお祓いをした。

平穏な生活が取り戻せたのは、ここ二、三年のことなのだという。

「その、彼女が映っているビデオはどうしたのですか?」と、聞いてみた。

ビデオや写真、そのほか彼女との思い出になるものは全て、お焚《た》き上げしてもらったのだという。

「彼女との思い出のすべてを消し去る決心をするのは、相当身の削られる思いでした。でも、僕の心の中では、素晴らしい彼女は生きていて、今も彼女を愛する気持ちに変わりはありません。それだけに……。彼女とのことを、許してくれなかったその何者かが、僕は憎くてたまらないのです」

地下のトイレ

葬儀社に勤めるFさんに「幽霊見たことある？」と聞いてみた。

「ありますよ」とこんな話をしてくれた。


彼の勤める会社は地上三階、地下一階の造りだという。

地上三階は、主に葬儀用の会場となっているが、地下は階段を下りると、真っすぐな廊下があり、右手が霊安室、左手がトイレ。正面が倉庫になっているそうだ。

ある日、遺体が霊安室に入った。

翌日の葬儀のため、準備にとりかかる。

Fさんは、薄暗い地下室の廊下に出て、倉庫に入ろうとした。

すると、霊安室から人が出てきた。ドアをスッとすり抜けて廊下に出たのだ。

明日、お葬式を挙げる男性だと一瞬でわかった。

（幽霊って、ほんとにいるんだ‼）

初めての体験。ゾッとして、立ったまま体が動かなくなった。

男性は目の前を滑るように移動し、向かいのトイレの壁に消えた。

Fさんの体は硬直したまま、（俺、幽霊見た、幽霊見た）と心の中で叫んだ。

しばらくして、また男性がトイレのドアをすり抜けて廊下に出ると、霊安室へと消えた。

同時に体が動き、薄暗かった廊下も明るくなった。

Fさんが何より奇妙に思ったのは「幽霊もトイレに行くんや」ということであった。

心霊番組

Hさんが、「知り合いに在京キー局でテレビ番組製作をしているKさんという人がいましてね。彼は今、朝の情報番組に携わっているんですよ。それでこれは、Kさんから直接聞いた話なんですけども」と、こんな話が出た。

情報番組のあるコーナーで、今流行の若手怪談師か心霊系のユーチューバーを紹介することになった。そして、その担当をKさんが受け持つことになった。

実はKさんはベテランのテレビマンで、随分昔は『あなたの知らない世界』に影響されたようなホラーや心霊番組を担当していたことがあるのだ。そういう実績も買われたのである。

まずはネットでリサーチをかけた。

コロナ禍ということもあるので、都内で活躍している怪談師かユーチューバーを探した。

すると、ある心霊系のユーチューバーが気になった。

コンビでいろいろと心霊スポットに突撃し、レポートをしている。彼らが良い、と長年のテレビマンとしての勘が働いた。

まずはそのユーチューバーのメールアドレスに、企画書と出演に関する条件や承諾を求める文書を送った。

即、承諾の返事が来た。

そこで打ち合わせに入った。

Zoomでの打ち合わせ。ユーチューバーの名は、仮にIさんとYさんとする。Yさんがカメラと技術を担当。Iさんが MCである。

打ち合わせでは、どこに行きましょうか、ということになった。

「昨今はコロナ禍ということもあるしねえ。あまり遠くへは行きたくないんですよ。都内でどこかないですかねえ」

Kさんがそう言うと「とっておきのがありますよ」という返事があった。

「都内で？」

「はい、都内です」と言う。

二人は「都内に物凄《ものすご》いスポットがあるんです。でも、そこのことは誰も知りません。僕たちとしては隠し玉として取っておいていたんですが、そこを紹介しましょう」と、あるスポットを推してきた。

決定した。

その後はお互いのスケジュールを調整して、そのユーチューバー・コンビとKさんの三人で、まずはロケハンということになった。


当日、その場所に出向いた。

確かに都内の雑居ビルだ。近くには首都高速が走っている。

ビルは、そんなに大きくはないが築五十年は経つ古いもののようだ。

廃ビルでもない。下はコンビニが入っていたようだが、今は空き店舗となっている。

二階はガールズバーが入っていた。昼間の取材だったが、ガールズバーは結構お客が入っていて、「おいおい、コロナ大丈夫かよ」と心配になったという。

問題の場所は三階と四階だという。

二人が言うには、ここには何度か来ていて、心霊動画の撮影に成功しているという。しかもその成功率は八割だというのだ。Kさんも、それなら何か撮れるかな、という気持ちになった。

三階へはエレベーターもあったが、階段を使って上った。

三階は、昼間だというのに廊下が薄暗い。ドアが両側にいくつか並んでいて、その一つには事務所が一つ入っていた。

「じゃあ、準備にかかります」と、ユーチューバーの二人はバッグからカメラや照明機材、マイクなどを取り出している。Kさんはロケハンという軽い気持ちで来ていたので、彼等の行動の逐一をスマホで録画する。

すると、Yさんがしゃがんで準備しているIさんの肩を無言でポン、ポンと叩《たた》くと、ある場所を指さした。

（なんだろう？）

Kさんは、Yさんが指さす方向へスマホを向ける。

（あ、なんだあれ！）

廊下の突き当りの壁。

そこが真っ黒なのである。

まるでそれは真っ四角の漆黒の空間といっていいのだろうか、引き込まれそうになる。しかし、今は白昼である。薄暗い場所はあっても漆黒の闇があるというのは考えられない。そして物凄い違和感が体内を走る。

その闇の中から、出てきたものがある。

白い、一本の腕である。

Kさんはそれを「まるでその白さと質は、半透明のイカの刺身のようだった」と表現したという。そしてその手の指は、六本あった。親指と小指はわかる。だがあとの四本の指はまったく同じ長さ。そんなものが漆黒の壁からにゅっと肘《ひじ》まで出ていて、下にだらんと下がっている。それを二人とKさんは、正面から見ていた。

これはこの世のモノではない、とKさんは確信したという。

ただ、これまでの経験から恐怖は感じず、ほんとうにこんなものが存在しているんだ、という期待感が大きかったのだ。

すると、その腕がふっと起き上がって、くねくねと動きだした。そしてメビウスの輪のようなものを空に描くと、最後においで、おいで、と手招きをする。そしてまたくねくねと動くと、おいで、おいで、と手招きをする。それを繰り返している。

その手の動きは、二人のユーチューバーが撮影しているので、Kさんはその奇妙なものを撮影している二人にフォーカスして、その様子をスマホで撮りだしたのである。

ところが二人はビクッとした反応を見せると「Kさん、逃げましょう」と手を摑《つか》んできて、そのままみんなで階段を駆け下りたのだ。

「えっ、なになに？　どうしたの？」

そう言うKさんは「だまって！」と釘《くぎ》を刺された。ビルを出たが二人は何も言わない。

近くのファミリーレストランに入った。

少し落ち着いたところでKさんは「なにがあったんだよ」と、二人に説明を求めた。

すると「怒られたんです」と言う。

「怒られた？」

「『お前ら、いいかげんにしとけよ』って、怒られました」と二人は言うのだ。

それは、言葉ではなくそういうメッセージが、脳内に直接来たのだという。そして
「あのビルには、ラスボスがいるようです」とも言う。

ラスボス。ゲーム用語で、最大最恐の敵としてラストに出てくるボスのことである。

それがいる、と。

今までにIさん、Yさんが撮ってきた心霊映像の裏には、そこに撮られていない真の大物がいるということを知らされた。そして「お前ら、ここで遊ぶのもいいかげんにしろ。そうでないと命に関わるぞ」と警告を受けたというのである。

その真偽のほどは、Kさんには分からない。

しかし、さっき撮った動画をチェックしてみると、確かにあの奇妙な漆黒の闇と、うごめく腕はちゃんと映っていた。

「とにかく、君たちがさっき撮った動画を俺のところへデータとして送ってくれないか。いろいろと検討してみるから」と頼んで、その日は解散した。

夜、Kさんが自宅へ戻ってメールのチェックをしていると、ちゃんと依頼通り、二

人から昼間に撮った動画が送られてきていた。

動画を観ながらKさんは思った。

(ちょっとこれ、心霊動画としてダイレクトすぎるかな。なんせ、朝の情報番組だからなあ)

さっそく、番組のディレクターに相談してみた。

「う〜ん、観てみないと判断できませんねえ。明日、その動画、局に持ってきてくださいよ。会議室押さえておくからそこで判断しましょう」ということになった。

翌日、Kさんは自分のノートパソコンを持って、そのテレビ局の指定された会議室に入った。するとそこには、番組のプロデューサーをはじめ、技術さんや他のディレクターたちも顔をそろえていた。情報がもう漏れていたようで、他の番組のスタッフたちも大勢いる。そこに局の重役もやって来た。なんだか大事《おおごと》になっている。

そんな中で、いわば試写会が行われた。

Kさんのノートパソコンとプロジェクターを繋《つな》ぎ、会議室に下ろされたスクリーンに動画を映し出す。

窓からの明かりは暗幕で遮り、会議室の電灯は点《つ》けたまま上映した。これで見えなかったら室内の電気を消して上映する予定だった。

しかし、電気を消さなくてもそれははっきりと確認できた。

会議室に集まっている全員が固唾《かたず》をのんで、その画面にくぎ付けになった。

漆黒の中に蠢《うごめ》く、半透明の真っ白な腕。六本の指。時間にして二、三分。

「映ってる……」

誰かがそう言った。

ざわっ、と空気が一変し、室内が騒然となったその瞬間、部屋が真っ暗になったのだ。同時にプロジェクターの電源も切れた。

女性スタッフの悲鳴があがった。

「おい、誰だよ。電源切ったヤツは」

そう言う声もあがる。誰かが間違ったか、慌てたかで電気の電源をオフにしてしまったのだろう。誰もがそう思った。

ところがしばらくして「電源、オンになったままです」という返事があった。

「いっぺん、オフにして、もう一度オンにしてみろ」

そういうと、電気が点いた。

みんな、血の気が引いている。

「なんだこりゃあ。ホンモノじゃねえか！」

重役が大声を出した。

「こんなもの、オンエアしちゃいかん。その動画は消去しとけ」

そう言って退出していった。

番組担当者からも同じことを言われ、Kさんはその場でその動画を消去させられたのである。


これは、後でKさんが調べてわかったことだ。

あのビルが建てられたのは、六十年ほど前のことで、建てたのは在日中国人だった。七十年安保闘争が勃発《ぼっぱつ》した時、過激派のアジトがこのビル内に陣取って、そのアジトを監視する公安の詰所が近くに作られた、という歴史が判明した。死者も出たようである。そこから話にいろいろ尾ひれがついて語られていった側面があったようだ。

また、一階に空きテナントがあって、コンビニが入っていた件について注目すべきは、三大コンビニ・チェーンのいずれもがここに出店して、一ヵ月ももたずに撤退していたことだ。

そのコンビニでアルバイトをしていたという人を見つけだして、話を聞いた。

するとこんな話が聞けたという。

夜中、なぜか店内の床一面が水浸しになる。原因はわからない。

また、品出しをしたり、棚に並べたりしていると横からいきなり手が出てきて、その手首をぐっと握られる。えっ、と見ると積み重なった商品の間から、白い手がにゅっと出ていたり、あるいは肘から先の手があったりした。アルバイトは怖がってすぐに辞めていく。拝み屋さんに来てもらってお祓《はら》いをしてもらったがまったく改善されない。そういうことがどのフランチャイズの店にもあったようで、いずれも長続きしなかったというのである。

ただ、二階、三階、四階……と間取り図を見てみると二階だけ間取りがまるで違う。

二階のガールズバーだけが異様に繁盛していたことと関係あるのだろうか。ところがガールズバーで働いている女の子たちも、エレベーターを怖がっていると聞いたのだ。特に三階、四階から下りてくるエレベーターの扉が二階で止まって、扉が開くことがあるが、無人で、異様な雰囲気のモノが乗っている気配がしたり、何本もの手がエレベーターの壁から出てわらわらと動いているのを見たりした子もいたらしく、みんな階段を使っているらしいのだ。

それ以上のことはわからなかったそうだ。

ただ、こんな話も聞いたという。

「なんだこりゃあ。ホンモノじゃねえか！」

重役が大声を出した後、その場にいて幽霊動画を観ていたあるスタッフは、持ち場に帰ろうと会議室から出て、エレベーターに乗ろうとした。するとこの階で停止して扉が開いた寸前、彼の後ろから人がやって来て、エレベーターに乗り込んだのだ。反射的に「お疲れ様です」と言って、彼もエレベーターに乗り込んだ。すると昇降ボタンが押されていない。

さっき乗り込んだ人に「何階ですか」と尋ねようと振り返ると、エレベーターの中は、彼一人だけだったそうだ。

牛

A子さんという女性がいる。

彼女の幼い頃のことだそうだが、ある時から母が、毎月墓参りをするようになった。

今までそんなことはしなかったのになぜだろう、と幼心に不思議に思ったそうだ。

母は、団子状に丸めたおにぎりを必ず三十六個作って、それを苺《いちご》が入っていたパックに入れると、墓参りに持参してお墓にお供えしていく。

その時はA子さんも一緒に連れていかれた。だから覚えていたのだ。

ところがそれも一時的なもので、いつしかそんなこともしなくなっていた。

一体あれは、誰に対するお供え物だったのか。お盆に行うご先祖様への供養とは明らかに違っていたから、気になってはいたが、なんだか聞いてはいけないような気もして、とうとう聞き出すことはできなかったのである。

中学生になって、何かのきっかけで、初めて母に疑問を投げかけることができた。

母は「ああ、あれか。あんたにはなんのことか、わからんかったやろな」と話してくれた。

父が、ある霊能者のところに相談に行ったことがあった。そのころ、家ではトラブルや悩み事が増えていたようで、それで霊能者に頼ったらしい。

その時、霊能者の先生のアドバイスに従って、あのような墓参りを月に一度、一年間だけ続けたのだという。この時先生に、こんなことを言われたのだという。

「あんたの家は、牛に関係したいわれや噂といったものが、いろいろと出てきとる。端的に言うと、牛の呪いがかかっているということや。確かにあんたの家は、ちゃんと神信心もしていて先祖供養も怠ってないけれども、それだけじゃあ、いかんのや。現に、お宅の家系の長男は、みんな妙な死に方しとるやろ。それが呪いや。調べてみたらわかるやろうけど、あんたの家は昔、牛を使った商売をやっていたはずや。そして牛というものにいろいろ関わっている家系や。なのに、その牛の供養をしとらんやろ。それが今、ようない形で出てきてるわ。だから、牛の魂を鎮めることが必要や」

そしてアドバイスを授かった。

あの、団子状のおにぎりは、牛の魂を供養するためのものだったらしいのだ。


ところで、A子さんの父方の家は、昔は先祖代々炭屋を営んでいたという。

辛《つら》い商売だったようだ。重い炭俵を牛の背に括《くく》りつけて、あちこち売りに歩いたそうだ。それでもそこそこ大きな店の構えを持ち、十人ほどの従業員や奉公人を雇っていたのである。

A子さんは祖父を知らない。A子さんが生まれる前に亡くなっていたのである。

代々そうであったそうだが、祖父も最寄りの国鉄の駅に行き、汽車が停まっている一、二分の間に、客車から次々と放り出される炭俵を担ぎ上げて、牛の背に乗せると、その牛を引いて店に戻る毎日だったという。

ところがある日のこと。

その牛が、駅を目の前にした踏切で、突然動かなくなった。祖父は、牛を引っ張ったり押したり、鞭打《むちう》ったりするが、全く動かない。そこに汽笛を鳴らしながら蒸気機関車が突入してきた。

祖父は、牛もろとも亡くなったという。

そうなると、長男が店を引き継ぐことになる。

しかし長男は、大学を卒業して研究室に入っていた。

「俺は研究者になるから店を継ぐ意思はない。店は弟に譲る」

そう言われて、次男が店を引き継ぐことになった。この次男がA子さんの父となる。

ところがこの時、次男はまだ高校生。商売のことはまったくわからないし、人生経験もない。社会についても何も知らない。当然、彼の指図に従う者などなく、一人辞め、二人辞めと、従業員や奉公人が去っていく。

だんだんと店の暖簾《のれん》が傾いていく。

そんな折、店の売上金を従業員に持ち逃げされるという事件があった。

代々続いた店を、なんとか持ち直すことはできないか。

そう思って、祖母が株に手を出した。すると、みるみるうちに株は下落し、とうとう長年続いてきたお店は廃業となった。

その頃である。

研究所で突然、長男が脳梗塞《のうこうそく》で倒れた。

しばらく寝たきりの状態となったが、これが原因で若くして亡くなったのだ。

A子さんの父も、若くして苦労した。店が傾きかけた頃、周囲に身を固めることを勧められて、結婚をした。そして長男が生まれた。ところがこの長男も、まだ三歳にならないうちに、階段から落ちて亡くなったという。

そして、店は倒産し、離婚となった。


確かに話を聞いていくと、この家の長男に長生きをした人はいない。

失業した父は、それでも知り合いを通じてあちこちの手伝いを紹介され、新しい商売もはじめた。そして、なんとか食いつなげる状況になったところで再婚した。ところがこの時も、新しい商売の共同経営者となるはずのパートナーに、資金となるお金を持ち逃げされた。そんな大変な時期に生まれたのがA子さんだったという。

　家族にひもじい思いだけはさせない。そんな気持ちから父は肉体労働をはじめたが、無理がたたってヘルニアを患って入院となった。家計のやりくりをなんとかしようと、今度は祖母が、針仕事の内職をはじめた。

　ある日、その針を畳に落としてしまっていたことに気づかず、祖母はその針を踏んでしまった。

「あっ」と足の裏を見ようとした瞬間、針がポキリと折れて、針を抜くことができなくなった。そのまま針は祖母の身体の中にどんどんと侵入していく。病院でレントゲン写真を撮ってもらって針を捜し、手術ということになった。

　そういうことが次々に起こったのだ。

　父は退院した後、あまりに不幸が重なることを気にして、ある人から霊能者を紹介してもらい、そこで、牛の祟《たた》りを指摘されたということだったらしい。

　そんなことがあって、母は長女であるA子さんを連れて、月一度の牛の供養を、父方の先祖代々が眠る墓地で行うようになったというのだ。

A子さんは、その後怪談というものに興味を持ち、この時に牛の祟りということが気になって、調べてみたという。牛というものに関わっている家系ということもほんとうなのだろうか？

するると出てきた。

祖父が亡くなった鉄道の踏切のある土地は、牛の名が付いた村であった。そして、祖父の代で店を拡張する際に、近くにあった牛の鎮魂碑を動かして処分してしまっていたこともわかった。どうやらそこから、祖父、祖父の長男である伯父《おじ》、父の長男の突然死という不幸が連続しているようにも思える。また、祖父が亡くなった後、従業員が一人突然死していた。牛島という人で、名前に牛が付く人だった。これは偶然だろうか？

そしてもう一つ、牛との関係でハッとしたことがあったという。

それは、自分を産んでくれた母親が丑年《うしどし》であり、その母も丑年であったこと。そして、父方の母と祖母も丑年。そしてなんと、A子さんも丑年生まれで、最近結婚した相手の母親も丑年生まれだったのである。

母の重さ

Hさんの母親が亡くなった時のことだという。

お葬式を済ませて荼毘《だび》に付した。

灰の中から骨を取り出し骨壺《こつつぼ》に入れると、木の箱に収めて白い布で被《おお》う。

これを持って帰ろうとHさんは両手で持とうとした。

(あれ、これってこんなに重いものなのか?)

それはずっしりとした重みがあったのだ。

そして車に乗り込んだ。

運転席にHさん。後部座席には、叔父《おじ》と妹が座った。骨壺は助手席に置いた。

すると、シートベルトを着用するようにという警告音と警告ランプが、ダッシュボードに点滅した。

あれっ、と思って、助手席の骨壺を持ち上げてみると、警告音もランプも消えた。

それで助手席に戻した。するとまた警告音が鳴った。

解除する方法があるが、試しても音は止まない。それで骨壺にシートベルトを通して、ガチャリとはめると、警告音もランプも止んだ。

そのまま家に戻り、家の中に持ち込むために抱き上げたが、この時もずっしり重いのだ。Hさんは仕事柄、十キログラムの米の袋を持つことが多いというが、それよりも確実に重かったという。

このことを確信したのは、四十九日のことだったそうだ。

朝、お寺さんに持って行くために車に運ぶときは、やはり骨壺はずっしりと重かったが、お経を読んでもらって墓に収めようと持ち上げると、ひょい、と軽々持ち上がったのだ。

後に、その寺のお坊さんにこのことを言うと「ああ、お母さまはお経をあげている間、ずっといらしていて、Hさんの隣の座布団に座っておられましたよ。その重さはお母さまの重さですよ」と言われたそうだ。

ちなみにHさんの母は、やや小太りの人だったが、身長は百五十センチほどの小さな人だったという。

よくある怪談

タクシーに乗った。

運転手さんから怪異体験談を聞きだそうとしたらこんな話が出た。

運転手の名はYさん。

彼は言うのだ。

「ねえお客さん。よくあるでしょう、タクシー怪談の典型的なやつ。ほら、夜中に女性を乗せて、行先に着いて料金をもらおうと振り向いたら、その女は消えていて、シートがベットリ濡《ぬ》れていたっていう、ベタな話。私も最初ね、そんな話を聞いて笑っていたわけですよ。なんだそりゃあってね。馬鹿にしていました。でもね、いざそれが自分に降りかかると、こんな怖いことないですよ」

「ということは、なにかあったんですか」

「あるんですよ」

彼は一年ほど前、東京の証券会社に勤めていたという。

本社は日本橋《にほんばし》。

自分の車で通っていたが、ある夜、車で上司を自宅まで送ったことがあった。

浜野《はまの》まで送ると、Yさんが住んでいる板橋《いたばし》の社員寮へと帰る。

深夜の二時頃、赤信号待ちをしていた。すると、コンコンと、サイドウィンドウを叩《たた》かれた。

見ると、若い女がこっちを覗《のぞ》き込んでいる。

サイドウィンドウを開けて「どうしました?」と尋ねると「すみません。乗せてくれませんか」と言う。

もう電車もバスもない時間。困っているんだろうな。できれば助けてあげたいなという気持ちになる。

「どこですか」

聞いてみると、ここから二十分ほどのところだった。しかも板橋へ行く途中だ。

「じゃあ、どうぞ」と女性を乗せた。

そして二十分ほど走り、「このあたりですか」と尋ねたら、女性の姿は消えていたという。

「ゾゾーッと悪寒が走りましてね。それに、ほんとにシートがベットリ濡れていたんです。こんなこと、ほんとにあるんですね。とにかくもう、寮まで車を飛ばして戻ったわけですが、怖くて怖くてね。寮の駐車場に停めた車の中で、朝まで出られなくて、ブルブル震えてたんです。それでね、なにが怖かったって、僕の車、ツーシートだったんです。つまり二人乗り。だから僕は、その女性に隣に座ってもらっていたんですよ。すぐ、隣ですよ。

だったら、いなくなったらいくら何でも気づくでしょう。

でも、それまでいたのに、ふっと見るといなかったんです。ほんと、怖かったですよ」

HOT！

Sさんは葬儀社に勤めて11年になるという。

四十二歳の会社員の方が亡くなった。

妻はフィリピン人のRさん。中学一年生と小学三年生の娘がいる。

無事に葬儀を終えた。

支払いの時に、そのRさんと二人の娘さん、それに亡くなった方の兄のEさんに立ち会ってもらった。

「Sさん、いいお葬式でした。ありがとうございました」とEさんに頭を下げられた。

「いえ、そんなこと言っていただいて、ありがとうございます」

そんな会話をしていると、Rさんがこんなことを言ってきた。

「ねえ、Sさん。ちょっとね、お葬式の時、怖いことあったのよ」

するとEさんは「Rさん。そんなこと、話さない方がいいよ。Sさん、怖がっちゃうじゃないか」と諌《いさ》める。

「いえ、大丈夫ですよ。こういうお仕事していますから、少々のことはもう慣れちゃってます」

するとと、こんな話になった。

告別式の時、Rさんの携帯電話にラインのメッセージが来たという。

「ちょっと見てください」

実際に表示された画面を見せてくれる。

二十件以上は入っていた。

しかし、言葉ではなく、数字やアルファベットの羅列だ。スタンプもある。

HOT! HOT! HOT! と書き並べている個所がある。

「なんですか、これ?」

Sさんは思わず言った。

「これ、亡くなった主人の携帯から送られてきているんです」とRさん。

「えっ、ご主人の携帯、どなたか持っていらっしゃるんですか?」

「私が持っているんですけど」と言って、Rさんがもう一つの携帯電話を見せる。

「でもね、ほら、主人の携帯、電源が切ってあるんです」

確かに電源は切れていて、送ったという履歴もない。

「でもほら、ここに『パパ』って書いてあるでしょ。これ、パパから来てるのよ」

娘さんたちが指摘する。

よく見ると、スタンプはメラメラと燃えている絵で、HOT！HOT！HOT！という文字とほぼ同じ時刻に送られていた。

ゾッとした。

なぜならそれは、ちょうど火葬されている時間だったのだ。

すぐにSさんたちは、手を合わせて「お葬式は終わりましたので、成仏してください」と唱えたのだという。

ユウちゃんがいる

同じく葬儀社のSさんの話である。

二歳半のユウちゃんという男の子が亡くなった。

先天性の病気が原因だった。ご両親も、この子は長くないと覚悟はしていたという。

ユウちゃんには五歳になる兄がいた。ケンちゃんという。

葬式が終わって、四、五日して電話があった。

ユウちゃんのお母さんからだった。

「Sさんはおられますか？」

「ああ、Sです。その節は大変お疲れさまでした。その後、いかがですか？」

するとお母さんは「あの、ちょっと、こんな相談しても、かまわないでしょうか」

と言う。

「どうぞ、なんでもおっしゃってください」

「実は、上の子が……」

「ケンちゃんでしたね。ケンちゃんがどうかしましたか？」

「実は、ユウちゃんが家にいるって言うんです」と、困惑した様子である。

「えっ、ユウちゃんて、亡くなったあのお子さんですね」

「ええ、そうなんです……」

「どういうことですか？」

「ケンが言うんです。おじいちゃんに手を引かれて、ユウちゃんが部屋の隅に立っているって」

「おじいちゃん？　そのおじいちゃんて、ユウちゃんのおじいさんですか？」

「それがね。違うんです。上の子が生まれた時はもうおじいちゃんは亡くなってて、知らないはずなんです。で、おじいちゃんの写真を見せたんですね。このおじいちゃんかいって。そしたら違うって。じゃあ、どんなおじいちゃんなのって聞いたら、どうやら、ユウちゃんが焼かれていた竈《かま》の隣で焼かれていたおじいちゃんの写真に似ているっていうんです。ただ、そのユウちゃんと一緒にいるおじいちゃんは、写真より年をとっているって。そんなことを言うんですよ」

　聞くと、ケンちゃんは、焼き場で退屈をして、隣の竈の様子を見ていたという。そして、そこで焼かれているおじいさんの遺影写真をしげしげと見ていたというのだ。

しかし、今、ユウちゃんと手をつないで立っているおじいちゃんの方が、歳をとっている。

このリアルな話に、Sさんは驚いたのだ。

お葬式の写真というのは、亡くなる直前より、若干若い頃に撮られた写真を使用する。だから、写真より歳をとっているというのは、道理なのだ。

「これって、どうしたらいいんでしょうか」

そうお母さんに言われて、Sさんも困惑した。

「どうしたらって……ちょっと待ってくださいね」

支店長に替わってもらった。

「あ、お電話替わりました。支店長のAという者です。あのう、お母さん。四十九日過ぎるまで待ってもらえませんか。それで、四十九日が過ぎても見えるっていうなら、その時考えましょう」

そう言って納得してもらった。

四十九日を過ぎたが、連絡は無かったので、二人とも成仏したとSさんは思っているという。ただ、その時支店長は「葬儀屋だって、できないこともあるからな。あんなこと言われても困っちまうよな。まあ、こういうことはお寺の仕事だよな」と言っていたそうだ。

起こす女

ある女性が夫の転勤を機に、関西のある地方都市に引っ越してきた。ずっと関東にいたので、最初は言葉や風習の違いに戸惑ったが、彼女自身も地元で就職先を見つけて働きだすと、同僚や友人も増えて、充実した生活が過ごせるようになったという。

そこはのんびりとした田舎町だった。

石積みの塀で囲まれている小さいながらも二階建ての一軒家。近くには小川が流れていて、そこを渡るとすぐ神社がある。鎮守の森に囲まれたこぢんまりとした神社で、奈良時代に創建されたとある。調べてみると、パワースポットとして少しは知られた神社のようだったという。

ある日、いい天気だったので洗濯物を干しに二階へ上がった。

干し終えて、スリッパの音をパタン、パタン、パタンと響かせながら階段を下りた。夫は仕事に行っているので、家の中には彼女以外に誰もいない。だからちょっと面白半分にスリッパの音をたててみたのだ。

階段を下りきったら、正面にリビングへつながるドアがある。そのドアに手を掛けた瞬間、パタン、パタン、パタンと、スリッパの音を響かせながら階段を下りてくる者がいた。

えっ、と振り返った。

その瞬間、スリッパの音は止んだのだ。当然、誰もいない。しーんと静まり返った昼下がり。

だがそのスリッパの音は、さっき自分が階段を下りた時とまったく同じ音、同じリズムだったのだ。

ある朝、夫が早出をした。一人布団の中で目覚めたが、夫がいないのならもう少し寝ていようと思った。とはいえ、今日は就職のための面接がある。それまでには起きなきゃ、と目覚まし時計をセットするつもりが、そのまま寝落ちしてしまった……。

ゆさゆさっと、突然身体がゆすぶられた。

「起きて」という女の声もする。

はっとしてと起きた。時計を見ると、起きなきゃ、と思っていた時間だった。

確実に誰かに起こされた。しかし、家の中には自分の他には誰もいない。やはり、しーんと静まりかえっていた。

またある朝は、部屋の掃除をしていた。やはり夫は仕事で家の中に彼女一人。ただ、この日は午後から来客がある。それで入念に掃除をしているのだ。この後も来客を迎えるための準備をしなければならない。

しかし、昨夜はいろいろあってあまり寝ていない。眠くなった。

(ちょっとだけ休憩)

そう思ってソファに腰かけ、目をつむっているうちに、また寝落ちした。

「起きなくていいの?」

耳もとで声がして、はっと起きた。

目の前に若い女がいた。

その若い女性は、目覚めた彼女を見てほほ笑んだ。そしてスリッパの音をパタパタたてながらキッチンへと消えた。慌ててキッチンに行ってみたが、もちろん誰もいないし、玄関のドアも内側からカギが閉まっていた。

しかし、その女性が起こしてくれたおかげで、来客を迎える準備が出来た。

その若い女性は、髪を茶色に染め、Vネックの白い長そで、ひざまでのデニムスカート。どこにでもいそうな、普通の女子大生といった風体であったという。

建て替えの商談

大手住宅メーカー勤務のDさんが、神奈川県K市にある大きな農家の建て直しの仕事を受け持った。

家は築百年以上。その家の座敷を借りて商談をした。

話がだんだんと具体的になってきた。

「建て替えは、いつからかかりましょう？」

「その間、どこに仮住まいされますか？」

「これがその図面となります」

Dさんが何かを提案するたびに、床の間の掛け軸が、風もないのにカタカタと揺れることに気がついた。

当初は、家族の人も「なんだろ？」という表情を見せていた。

何日かしてまた、商談のために座敷で打ち合わせていると、同じ現象が起きる。

「なんでしょう、これ？」

さすがに気になって、家族の人に聞いてみた。

すると「きっとこれ、おばあちゃんが怒っているんですよ」と言われたのだ。

一年ほど前に、この家のおばあちゃんが亡くなったのだという。

そのおばあちゃんが元気だったころから、そろそろこの家を建て替えよう、という話は出ていたらしい。しかしおばあちゃんは激しく反対した。

「この家は、私が嫁いできたときから、いろいろな思い出が詰まっているんだ。だから絶対に建て替えるなんて話はするな」

そのおばあちゃんも、老いて床に就くようになった。

「病院で死ぬのは嫌だ。この家で死にたい」

そう言って、この座敷で寝込んで、亡くなったのだという。

「だからおばあちゃん、怒っているんですよ」

残　業

前話のDさんと同じ住宅メーカーに勤めるHさん。

仕事が終わって、同僚と会社を出た。

すると同僚は「あっ、俺、まだ用事を残してること忘れてた。ちょっと会社戻るわ。先に帰っててくれ」と言う。

「そうか。じゃ、お疲れ」

そう言って別れた。

翌日出社すると「ちょっとちょっと……」と同僚に呼ばれた。

「どうした?」

「昨日さ、俺用事思い出したからって、会社に戻っただろ。そしたらえらいもん見た」

「うん? 何を見たんだ?」

「戻ったらさ、オフィスからカリカリと図面を引いている音がしたんだ。電気は消えているし、誰もいないはずだ。でも聞こえるんだ。人の気配もある」

「ふうん」

「でさ、電気点《つ》けて驚いたよ。設計士のTさんがオフィスに居残って図面引いてたんだよ」

「ふうん、Tさん、残業してたんだな」

「おいおい、しっかりしろよ。Tさん、一週間前に亡くなったじゃん」

二人して、鳥肌をたてた。

二人の男

Nさんという女性がいる。

結婚していたが、離婚をして独り身になったので、マンションのワンルームに引っ越した。

L字形の建物で、二階の一番端の部屋だった。

引っ越しも終えて、新しい職場にも慣れてきた。そんな頃のこと。

夜寝ていると、異様な気配がして目が覚めた。

最初、悪い夢でも見たのかと思った。全身汗だくで、動悸《どうき》がしている。だが、気配は消えていない。ふっ、と気配のする方向を見た。

真っ暗な部屋の端に、もっと黒い人影が立っている。男、というイメージが感じられる。

気のせいではない。真っ黒い男が確実に存在している。

あまりのことに声も出ない。

出来れば逃げ出したい衝動に駆られるが、その身体も動かないことに気がついた。それは、恐怖のために身体が硬直してしまっているからなのか、俗に言うこれが金縛りというものなのかはわからない。こんなことは初めてだったのだ。

ただ、目だけは動く。せめてあの男を見ないようにと、男から目をそらすと、もう一人、漆黒の男がいた。

あまりの恐怖に気絶をしていたのか、気がつくと朝で、もう男はいなかった。

この時また、ゾゾゾッと鳥肌の立つ感覚があった。

(あれは気のせいとか、夢とか、そんなんじゃない。私、見た。確実に見た。一体なんだったんだろう?)

さっそく、管理人にその話をした。

「幽霊かもしれませんが、私には人に思えました。今思うと泥棒かもしれません。だったらよけいに怖いじゃないですか。部屋のカギの具合とか、セキュリティのこととか、見てもらえませんか」

管理人は「それは心配ですねえ。いいですよ、ちょっと見てみましょう」とカギの状態を調べてみてくれたが、なんだかその表情が浮かない。

何か言いたそうで言いだせない、そんな顔なのだ。

「管理人さん。何かあったんですね。言ってくださいよ」

するとと管理人は言いにくそうにこんなことを言った。

「この部屋の下に空き店舗がありますよね」

「はあ、ありますね。シャッターが閉じている……」

「実は、あそこで以前、店のオーナーと息子さんが、灯油かぶって焼身自殺しているんですけど、それですかね？」

「は？」

「ここの真下です」

「ちょっと待って！」

管理人とマンションのオーナーと相談して、すぐに同じマンションの別の部屋の1LDKに同じ家賃で引っ越したのである。

仏様

Kさんが勤めている会社にHさんという人がいる。

彼の実家はお寺である。しかし、Hさんは神仏というものをまったく信じていないこともあって、長男にもかかわらず、寺を継ぐことはしなかったそうだ。

ところが、阪神淡路大震災があってお寺も大きな被害を受けた。

本堂の屋根瓦《やねがわら》が落ちてきて、建物自体もねじ曲がっている。

状況確認、という事で、一人で本堂の中に入っていった。中は滅茶滅茶《めちゃめちゃ》な状態だった。

足の踏み場もない。屋根の一部も落下している。

ところが、仏様とその前のお供えの台だけはまったく無傷で、傾いてもいなかった。

目の前のお供え台の器に、リンゴが四つとその上に一つ。一つも落ちていない。

その脇には燭台《しょくだい》。

微動だにしていなかったのだ。

Kさんはこの時から、仏様はいるんだなあと、思うようになったという。

真夜中の漁港で

Fさんには兄がいる。兄弟揃っての釣り好きで、休みになると、よく二人で和歌山の漁港へ釣りに出かけていたという。

三十年ほど前の事。

今度の土曜日、一緒に釣りに行こう、と計画を立てていた。ところが兄は急に仕事が入ったらしく、当日になって「すまん、行けなくなったわ」と連絡があった。

「そうか。そしたら、俺一人で行ってくるわ」

この頃、大阪の天王寺《てんのうじ》駅から「釣り列車」というのが出ていたらしい。その名の通り、磯釣り客が利用する夜間の特別鈍行列車で、新宮《しんぐう》市までを結んでいた。夜の十一時出発。朝の三時、三時半頃に目的の釣り場のある漁港に着く。駅舎で少し仮眠したり、準備をするなどして、明るくなってから釣りを楽しむわけである。

Fさんもその列車に乗るつもりだったが、兄が来ないのであれば、別に何時に何をするという計画もいらない。

そこで、夕方四時に仕事を終えて家に帰ると、さっそく準備をして天王寺駅に直行した。そして夕方六時発の列車に乗り込んだ。なんだか待ちきれなかったのだ。

和歌山県のある漁港に着いたのは、夜の十時ごろだったという。

こんな時間に着くのは初めてだった。

駅の周りだけは明るいが、少し離れるともう民家も少なく、あっても電気は消えている。

用意していた食料や飲料水などが入ったクーラーボックスを肩から下げ、自慢の釣《つり》竿《ざお》を持ち、懐中電灯で道を照らしながら二十分ほど歩く。

もうそこは夜の満潮時の海で、そのまま目的地の防波堤の上を歩き、ある場所に陣取った。

ここに来るとFさんは決まってここで釣りを楽しむのだ。

準備ができて、釣竿を海に向け、浮きを海面に落とした。

空に月はなかったが、満天の星が広がっていた。

「悪い時に来たな」

Fさんは、思わずぼやいた。暗い夜空の時の方が釣れるのだそうだ。

それでも、じっと魚が掛かるのを待つ。

ところが、こういう深夜の時間帯がはじめてなせいかはわからないが、なんだかいつもとは雰囲気が違う気がするのだ。なんだろう？　夜の海が真っ黒だからか？　周りに明かりがないからか？　それとも……？

ふっと、岸の方に目をやった。暗くてひっそりとしているが、そこは朝になると活気づく漁村である。何気なくその左手にある山に目をやる。海沿いにある大きな山だが、星空のためか、その稜線《りょうせん》がよく見える。と、山崩れでもあったのか、山肌が剝《む》き出しになっているところがあり、その近くに鳥居がある。その鳥居の前に、女が立っていた。

もう、夜中の一時は過ぎている。

なのに、あんなところに女が？

若い女だということがわかる。その姿が妙だ。

ピンクのワンピース。スカート丈は膝上《ひざうえ》くらいで、すらりと伸びた脚が印象的だ。

だが、その二つの目は、赤く光っているのだ。

（なんだあの女……？）

海に浮かぶ浮きと、山にいる女とをちらちらと交互に見る。あの鳥居まではここから距離にして、何百メートルだろうか。その距離のわりに、あの女は暗闇にはっきり見えている。星空の明かりがあるにせよ、なんでだろうなとも思う。そして、目が赤いというのは？

ちょっと怖くなって、また浮きに目を落とす。

やっぱり気になる。しばらくしてまた、ふっと鳥居のあたりを見た。

(あれ、おらへん)

その直後、はっとした。

女は鳥居の下にある道に立っていた。それがまったく同じポーズなので、歩いて下りたというより、そのまま移動したというイメージがあった。

(なんか俺、あかんやつ、見てるわ。あれはあかん。あかん。釣りはしたいねんけど、これはヤバいことになってる)

また浮きを見ながら、ぶつぶつと独り言を言いながら考える。

(帰るか。けど、電車ないしな。場所を移動するか。けど、どこへ行く？　あんなもん、見た後や。なんか夜道一人で歩くのも怖いしなあ)

ふっと顔を上げて、道を見た。いない。

右側に気配を感じた。視線を右に向けると海に面した岩場があり、その岩場に女は立っていた。

(あかん、近づいてきてる)

わずかの間に、何百メートルも移動している。

(これ、いよいよあかん。あかん。どないしよ)

ふっと目を上げた。

その瞬間、Fさんは釣竿も何もかも放りだして、ダッと逃げ出した。

目の前の、海に突き出た岩の上に女が立っていたのだ。

ともかく、駅まで走った。

駅に着くと、待合室の明かりがある。釣り客のためにこの時間も電気は点《つ》いているのだ。

待合室のベンチにへたり込むように座ると、時計を見た。夜中の二時になろうかとしている。そのままFさんは、ブルブルと震えた。なんだか寒い。そして、駅前の闇の中にあの女が立っていないか、ついてきていないか、それが気になってしょうがない。

（あの場所に戻るべきか、戻らないべきか。なんせあの釣竿高かったしなあ。けど、戻るの怖いなあ）

そんなことを考えながら、一人、小さな漁港の駅の待合室で、夜が明けるまでじっと待った。空が白んだ頃、始発電車が来た。

あたりが少しでも明るくなり人が動き出すと、雰囲気も変わる。

（やっぱり道具だけは持って帰ろう）

そう心に決めて、またあの防波堤を目指して二十分ほど歩いた。

た。

もう、この時間になると漁師たちがたむろしていて、船のエンジン音も聞こえてきた。

Fさんは、そのまま防波堤を歩くと、放置したままの釣竿や道具、クーラーボックスを見つけた。それらを回収しようとして、あっ、と思った。

クーラーボックスの中にあったはずの、弁当やパン、お菓子がない。あたりに弁当箱やパンの袋が落ちていた。何モノかに食べられていたのだ。

とりあえず、全部片付けると釣竿と空になったクーラーボックスを回収して、浜辺の食堂に入った。十人くらいの漁師たちが朝食を摂《と》っていた。

Fさんも朝食を注文すると、顔見知りの漁師の隣に座って、不気味な女のことを話した。

漁師は笑って言った。

「あんたな、それ、タヌキに化かされたんやわ。ここ、よお出るねん、タヌキ。年に必ず何人かは騙《だま》されてるなあ。ほんで食べもん、食われとる。ああ、あそこに鳥居が見える山あるやろ。昼間あのへん行ってみ。タヌキ、ようけおるわ」

Fさんは、それを聞いてなんとなく納得したという。

ただ、女の顔は、赤く光る目だけが印象に残っていて、美人だったかどうかはまったく覚えていないという。

やけど

Sさんという医者から聞いた、ある労災病院での話である。

やけどを負った女性が搬送されて来た。まだ若い女性だったそうだ。

かなりの重症で、顔は全部、身体は半分、焼けただれている。

どうやら、ガソリンをかけられて火を点けられたということのようだ。

やけどは、皮膚の七十パーセント以上となると生命が危ない。まさに、その状況である。

しかし、担当となったKさんという医者は、この女性の命を救うという選択をしたのだ。

手術もなんとか成功し、命の危機だけは脱した。だが、顔にもやけどの痕が残るだろう。

あとは、この女性の人生を考える。そこで、この女性のやけどの治療にあたった全スタッフと連携して、メンタルケアに対するバックアップ態勢を構築した。これには精神科の先生にも協力してもらった。

ところがこの女性は非常に明るい性格で、入院してきて三ヵ月ほどで精神面でも見事に立ち直っていったのである。

いつもにこやかに、サポーターの人たちと応対し、医者や看護師を困らせたことも無い。たまに冗談も言って笑っている。

「あの人は強い人だなあ。見習わなくっちゃな」と、スタッフもつくづく感心していた。

そしていよいよ、退院となった。

女性は世話になったスタッフや医療関係者ひとりひとりと握手をしながら「ありがとうございました」「頑張って生きていきます」「お世話になりました」と、にこやかに挨拶《あいさつ》をしている。

スタッフたちも「ほんと、よかったね」「力強く生きていってほしいよね」と言い、その女性のけなげな姿を見て、涙を浮かべる者もいる。

そして、女性を見送って、みな持ち場についた。

するとすぐにサイレンが鳴って、救急車が患者を搬送してきた。

ついさっき、別れた女性だった。

病院の向かいにあるビルからの飛び降り自殺、と聞かされた。

そんな彼女の姿を見つめて、スタッフたちは息をのんだ。

「一体、これはなんだったんだ……」

この話を私に聞かせてくれた医師のSさんは、この女性の主治医であったK医師からこんな話を聞かされたという。

「おそらく、あの女性は、ここに入院している限り、自殺のチャンスはないと思ってたんだろう。だから、スタッフに迷惑をかけないようににこやかに応対して、早く退院して、死ぬことを思っていたんだろうね。そして、退院してすぐに自殺をするという目的を、完遂させたんじゃないのかな……」

話はここからである。

女性が亡くなったその夜のこと。このK医師の夢枕に、この女性が出てきたというのである。そしてしきりに謝っていたというのだ。

「すみませんでした。あれほどお世話になりながら、こんなことになってしまいました。けれども、お世話になったことは本当に感謝しております」

ところが数日してわかったことがある。

あの女性の医療やケアなどに関わったスタッフ全員が、まったく同じ夢を見ていたというのである。それが全員、同じ日の夜、時間もほぼ一致していたのだ。

K医師はこう言ったそうだ。

「まあ、しょせん夢だよ。みんな一生懸命彼女のことを思って、お世話してたんだ。思い入れがあったから、そんな夢を見たんだよ。でも、全員っていうのがね、同じ日にっていうのもね、ちょっと不思議だなあと、思っているんだよね」

タバコの吸い殻

人材派遣会社を経営しているKさんが、こんなことがあったと話してくれた。

三十年ほど前、当時Kさんは高校生。

「この頃僕、やんちゃしていましてね。つまり不良です。仲間七、八人で集まっては毎晩のようにバイクを転がしてたんです」と頭をかいた。

ところがある日、メンバーのO君がバイク事故で亡くなったのである。

みんな大きなショックを受けた。

仲間で集まって、O君に対して黙とうをした。すると H君という男の子が「おい、俺たちだけでOのヤツ、弔ってやらないか」と言い出した。H君は特にO君と仲が良く、いつも一緒にいるという印象があった。

「葬儀屋が段取り通りする葬式なんて、俺たちからすると本当の葬儀じゃねえよな。俺たちだからできるような、ほんとうにアイツに喜んでもらえるような葬式を、俺たちの手でやってやろうじゃないか」

H君がそう言うと「そうだ」「その通りだ」と仲間たちも賛同しだした。そして、

「俺たちだけで準備をしようぜ」と盛り上がった。

もちろんO君の両親にお会いして、その許可をもらおうとした。

却下された。

O君が生前言っていたように、厳しい家で、グループの仲間たちをあまり快く思っていないようだった。でも、それは仕方ないと思った。自分たちの思いが、遺族の方々に届かなかったのは残念だが思いを伝えられただけでも満足のような気もする。

そして、O君の葬儀には全員が参列した。


葬儀が行われた翌朝、また仲間が集まった。

そこにH君が入って来て、いきなり「おい、みんな聞いてくれ」と言いだした。なんだか彼は興奮している。そしてこの話を言わずにいられない、とそんな雰囲気も感じる。

「どうしたんだ？」

「実は今朝、不思議なことがあったんだ。俺が寝ているとな、夢の中でOのヤツがいつものように俺の部屋に訪ねてきてくれたんだよ。そしてな、タバコを吸わせてくれと言うんだ」

そういえば、H君もO君も未成年者でありながらタバコを吸っていたのだ。だが、

Ｏ君の家は厳しいので家で吸うことができない。だからＯ君は、Ｈ君の部屋に来てはタバコを吸っていたようなのだ。みんなでＨ君の部屋に集まった時も、二人と一緒にＫさんもタバコを吹かしていたという。

「でさあ。夢の中のＯって、生前とまったく変わらないんだ。それでタバコを一本吸い終わると、『じゃあな』と言って帰って行ったんだ。それで目が覚めて。もう朝で、あっ夢だったんだ。でもＯのヤツ、死んだんだよな。それで夢の中に出てきてくれたんだな。そんなことを思ってなんだかしんみりしちゃって。それでふっと、机の上にあった灰皿に目が行ったんだ。そしたら、空だったはずの灰皿にタバコの吸い殻が一本あったんだ。あれっと思ってさ。だって俺、昨夜《ゆうべ》はタバコ吸っていないんだ。あれ、おかしいなと思ってその吸い殻見て、俺、ギョッとしたよ。その吸い殻にタバコの銘柄が印字してあるよな。それ、ＬＡＲＫだったんだ。お前たちでさ、ＬＡＲＫ吸っているヤツっている？」

　そう言われて、みんなは首を横に振った。

「だろ？　いないよな。俺も吸わない。けど、ＯはいつもＬＡＲＫだったんだ。だからヤツ、夢じゃなくって、ほんとに来てくれてたんだよ」

　目を輝かせてそう言っているＨ君のあの表情は今も忘れられないのだそうだ。

大学教授の思考

Hさんは女子大生。父は理系の大学教授である。

「私は怪談好きで、そういう話をするのも好きなんですが、父は心霊などというものは実証できない。だからそんなものは存在しないって、完全な否定論者なんです。けど、父はどうも霊体験をするタイプのようなんですよ」とHさんは言う。

そんな父の話だという。

数年前の夏のこと。

東京に嫁いだ姉が帰ってきた。そしてその夜は町内の花火大会があるから、家族で出かけようということになっていた。

ところが「パパは調べ物があるから、お前たちだけで行っておいで」と、父が一人で家に居残ったのだ。

Hさんと姉、そして母の三人で出かけて、河原に打ちあがる花火を堪能《たんのう》して、夜遅くに帰った。

するとを「忘れ物でもしたのか？」と言いながら、父が書斎から出てきた。

「忘れ物？　なんのこと？」

「お前たちが出ていってからも、ずっとスリッパの音が廊下やキッチンから聞こえていた」と言う。

「いえ、私たち、今戻ったところですけど」と母が言った。すると「いや、絶対にお前たちだ」と父も譲らない。

「どんな音がしてたの？」

すると、こんな音だったと父が真似た。パタパタパタッと軽く小走りする音。

しかし、普段から三人の中でスリッパを履いているのはHさんだけ。母も姉もスリッパは履かない。それに、Hさんは健康スリッパを履いている。ゴム製の重いもので、歩いてみるとパタン、パタンと重い音がする。

「パパ、そんな音、誰もさせないって」

その時、姉がハッとした表情を見せてこう言った。

「それ、亡くなったおばあちゃんよ。お盆やから帰ってきたんと違う？」

そういえばおばあちゃんは小柄な人で、そんな音をたてて歩いていた記憶が甦《よみがえ》った。

しかし父は「そんなことがあるもんか。絶対にお前たちの誰かだ」と言い張り、結局その音はなんだったのか、わからずじまいだった。

また、ある春の日のこと。

父は、書斎で原稿の執筆をしていた。

その書斎の窓から、家の門扉が見えた。来客があれば、必ずこの門扉を開けて石畳の上を歩いて、正面の玄関にさしかかるわけだ。

夕方四時ごろ、門扉をガタガタ揺らす音がしたという。

無視して原稿に集中するが、五分ほどそれが続いている。

「一体誰だ？」

さすがに気になって、カーテンをめくって、門のあたりを見た。

すると、ピタリと音は止んだ。

おかしい、と思う。客ならば、門柱にインターホンがあるので、それを押すはずだ。

ともかく今は静かになった。また原稿執筆にとりかかった。

すると、また門扉がガタガタ揺れだした。

父は、なにがあっても仕事優先。母に全部まかせっぱなしで、よほど重要な来客を除いては完全に無視である。

と、いきなり、物音はカツカツカツという、ハイヒールの足音に変わった。

「えっ、人が入ってきた！」

しかし、門扉が開く音はしなかった。いきなり門の中に入ってきているのだ。

またカーテンをめくって窓の外を見た。

若い女がいた！

ストレートロングの髪が背中まであり、真っ赤なコートにタイトスカート、ハイヒール。その女が玄関に向かって歩いてくる。

やがて、女が玄関戸の前に立つと、木枠の引き戸をカリカリと爪でかきむしるような音がしだした。

それでも父は出ようとしない。

カリカリ、カリカリ、その音はずっと聞こえてきて、仕事に集中できない。

「ママ、キッチンにいるんだろ。なにしてんだ？」

とうとう、立ち上がって玄関へと行くと、ピタリと音は止んだが、引き戸の摺《す》りガラス越しに赤いコートの女が立っていて、ふっと消えたのだ。

あっ、と思って引き戸を開けて外を見たが、誰もいない。

門へと戻ったのなら、その後ろ姿があるはずだし、隣へ抜けるとなると高い垣根をよじ登らなければならない。

そんな話が、夕食を食べながら出たのである。

「でもな、考えてみたら庭の土の上であんなハイヒールの音がするのか不思議なんだよな。けっきょくあれは、なんだったんだろうな」と、流石の父もこの時ばかりは首を傾げた。

「でもね、そんなスカート穿《は》いて垣根はよじ登れないし、それってやっぱり幽霊と違うかな」とHさんが言うと、「バカ。太陽の下にその姿をはっきり見たし、霊なんか存在するはずがない」と、父は急に不機嫌になったという。


だが、その三週間後、こんなことがあったのだ。

また父が書斎で調べ物をしていた。すると突然、カツカツカツとハイヒールの音が聞こえてきた。

「わっ、来た！」

この時ばかりは父も恐怖を感じたという。

もう、カーテンの隙間から覗《のぞ》き見るという勇気もない。すると女は玄関の引き戸の前に立ったようで、カンカンカンカンと激しくその摺りガラスを叩《たた》くような音がしだした。車のキーか何かで叩くようなイメージだ。

やはりこの時も母がキッチンにいたはずだが、誰も応対しない。

すると音が止んで、また、コツコツコツというハイヒールの音となった。

庭に入ってきている。そして、書斎の窓の外を通り、ぐるりと家を回ってキッチンの勝手口へと歩いていった。そして勝手口の戸口を、カンカンカンカンと叩いている。

ママはなにしてるんだ？

「ママ、ママ！」

大声を出して呼ぶが、まるで返事がない。勝手口の音は、まだ続いている。

「ママ、ママ！」

やはり返事はない。

仕方なく、部屋を出てキッチンを覗いてみた。

母はいた。きょとんとした顔をして「なに、どうしたの？」と言う。

「どうしたじゃない。さっきからママ、ママって呼んでたろ」

「誰が？」

「俺だ！」

「そんなの、聞こえませんでしたよ」

「何を言ってんだ。勝手口に誰か来て、戸口を叩いてただろ」

「えっ、誰か来たんですか？」

音はもう止んでいた。

その夜、Hさんの前で父と母の口論が続いたという。

「呼んだのに、なんで返事しなかった」

「パパが呼ぶ声なんて聞いてないし、勝手口にも絶対に誰も来てませんよ」

二人の話を聞きながらHさんは、「次元て、変わるのかな」とポツンと呟《つぶや》いたという。

死神

俳優のIさんが、新型コロナに感染してそれにまつわる怪異を体験したというので取材させていただいた。

ただ、Iさんは「俺の中では、中学生の頃に体験したこととリンクしているので、この話を最初に聞いていただきたい」と、まずはこんな話を聞かされた。

実はこの話、随分前に私が構成を担当していたテレビの怪談番組で、Iさん自身に語ってもらっているのでご存じの読者もおられると思う。

これは、再びこの本のために語ってもらったものであると、了承願いたい。


彼が中学の時というから、もう四十数年も前のことになる。

当時、新聞配達をしていた。二百部ほどの新聞を自転車に載せて、朝刊を配達する。

ある団地の前に来た。

ああ、ここか。イヤやなあ、と思う。

五階建ての団地。階段をはさんで東西に棟が連なっている。その五階の東棟の一番奥の部屋に新聞を届けるわけだが、団地でこの新聞を取っているのはその部屋だけなのだ。

この一部屋のために階段を駆け上がる。これが辛《つら》く、子ども心に無駄に思えた。しかし仕事だ。

団地の階段を駆け上がって、五階の奥の部屋の新聞ポストに新聞を挟んだ。

さて、戻ろうと階段へ向かっていると、その階段の下の方から足音が響いてきた。

この頃、配達員同士のマナーがあった。

朝の配達員は、他の新聞店の配達員もいるし、牛乳やヤクルトの配達員もいる。その配達員同士が顔を合わせると、必ず挨拶《あいさつ》をするのだ。

Iさんは中学生。どの配達員より年下ということもあって、自分から笑顔で挨拶をしなければならない。これが生意気な年ごろの男の子には、なんだかイヤだったのだ。

やりすごそう。

そう思って五階の廊下にしゃがみこんだ。

ここは五階だ。あの足音の主は途中どこかの階に入っていく可能性が高い。だからやりすごせると思ったのだ。

ところが、足音はどんどん上がってくる。と、ここで気がついた。

配達員の足音は、たいてい駆け上がってくるものだ。だが、今聞こえる足音は違う。

タァーン、タァーン、と音を反響させながら、ゆっくり、ゆっくり、一段、一段と上がってくる。

ひょっとしたら、ここの住人かな？

だったら途中の階に入って、ドアを開け閉めする音がするだろう。

そう思って待つ。しかし、足音は大きな残響音をさせながら、どんどんと上がってきて、四階に到達した。ズリッ、と足音は四階をやり過ごして、今度は五階への階段を上がりだした。

Iさんはここで立ち上がり、階段へと歩き、手すりから階段の下を覗いた。

誰もいない！

だが、足音はする。そして止まない。

相変わらず、大きな残響音を伴いながらこっちへ上ってくる。怖い、というより、なんだこれ、という感覚だったという。

足音は、階段を上がり切って、廊下に到達し、こちらに向かってきた。そしてIさんの目の前で聞こえた。

この時、ゾッと毛が逆立った。

と、その瞬間、背後に気配が移動した。はっと、振り返った。

今、Iさんが新聞を挟んだ新聞ポストがそこにある。そして次の瞬間、新聞が内側

から引っぱられるように消えると、

スパーン！

ものすごい音がした。

同時に、タァーン、と新聞が床に落ちたような音が続いた。

その音が団地中に、こだました。

「わあーっ」

Iさんは思わず大声をあげて、階段を全力で駆け下りた。外に出るとまだ暗い。

これ以上、暗い道を行く勇気はない。

そのまま、団地のゴミ集積所になっているコンクリートの仕切りの中に入り込んで、ゴミと一緒にぶるぶる震えながら「怖い、怖い、怖い」と朝になるのを待ったのだ。

やがて、「おーい、どこいるんや」とIさんを呼ぶ声が聞こえてきた。新聞店の人と先輩の配達員だった。

「はい、ここでーす」

「あっ、あんなとこに」

駆け寄ってきた店の人と先輩に大目玉を食った。

「お前寝てたんか」「新聞がまだ届いてない、言うてうちにジャンジャン電話かかってきとるぞ」

「実は今……」と事情を話したが、信じてくれるはずもない。よけいに叱られて、先輩と一緒に残りの新聞配達を済ませると、店へと戻った。

ここでもまた、事情を聞かれて起こったことを正直に話したが、やはり誰も信じてくれない。それどころか嘘つきよばわりされた。

学校へ行って話しても、誰も信じてくれないことがなんだか悔しかった。そしてあの足音と、なんとも言えない、総毛立った何かいる気配、新聞が落ちた時の大きな残響音が頭から離れない。もう、教壇に立っている先生の声も頭にまったく入らない。

(なんやったんや、あれ。なんやったんや、あれ)

ずっと自問した。しかしわかるはずもない。三時間目の授業が終わると、誰にも断らずに早引きし、再び団地へと向かった。あれはなんだったのか確かめてみるつもりだった。

ところがその団地の前は、人だかりがしていたのだ。パトカーも停まっていて、東棟へ入ろうとするとテープが張られている。事件があったと誰でもわかる。

たむろしている人たちが口々に言っている。

「五階の、奥の部屋やそうや」

「ああ、Bさん。ええ、あの人が？」

「かわいそうなことしたなあ。なんでそんなことに？」

「さあそれはわからんが、大方借金でもしてはったんちゃうか？」

「そういえばあの人、この前、こんなこと言うてたわ……」

五階の奥のBさん？　新聞届けてる、あそこやん。えっ、なに？

「それにしても、首括《くく》ったとは……」

は？　今朝、あそこで首吊《くび》り自殺があった？　一時間ほど前に発見、死亡したのは今朝早く、五時頃？

(俺が新聞配達で、あそこにおった時間や……)


そのことを知って以来、Iさんは、夜が恐ろしくなって寝られなくなった。新聞配達も続けられる状態にない。休みがちになって、店から解雇を言い渡された。そして鬱《うつ》状態となり、病院へ通うことになる。しかし、今とは違って、当時はただ睡眠薬を渡されるだけで、症状は一向に良くならない。精神疾患と告げられて、病院をたらいまわしにされた。

そんな時、母がどこからか拝み屋さんを連れてきた。

小さなおばあさんで、しばらくそこに預けられ、修行をやらされた。そしてこんなことを言われた。

「ぼんはな……」

ぼん、とは関西弁で、良い所のお坊ちゃん、という意味である。

「死神を見たんや。死神というと、えらい怖いもんやと思うやろけど、そやない。あれも神様や。死神言うて、神がついてるやろ」

そう言って、おばあさんは紙に円を描いた。その真ん中に一本の線を引いて、上下に分けた。

「ええか、ぼん。この線から上が人の世や。下があの世や。この真ん中の線を結ぶ二つの点があるやろ。ここにいるのが、ぼんや。普通の人は円の上のこのあたりにいてるんやけど、ぼんは違う。あの世とこの世の境界線を見ることができる。つまり死神を見ることができるわけや。死神というものは修行してもなかなか見れるもんやない。あれは高い次元にいる霊というたらわかるやろか。その死神が見れるというのは、特殊な才能なんや。そやからぼんは、うちらの世界に入って修行すべきや。そしたら偉い霊能者になれて、大勢の人を救ってあげることができるわ」

そう言われて、はいなります、とは言えない。しかしこの拝み屋のおばあさんの話を聞いているうちに、心も落ち着き、決して恐ろしいものを見たわけではないことがわかった。

Iさんは、霊能者にはならずに役者の道を歩んだ。また、私が構成する怪談番組で、この体験談を話したことをきっかけに、怪談師ともなった。あの拝み屋さんが言った通り、Iさんはさまざまな怪異を体験し、『怪談狩り』にもいくつか収録させてもらっている。

そして、去年のことだという。

Iさんはこんな体験をする。

コロナ感染

二〇二一年八月十五日の夜から朝にかけてのことだという。

自宅で寝ていると、なんか、しんどいな、と思った。風邪のようだがどうもおかしい。咳《せき》や鼻水が出るわけではないが、唾《つば》を飲み込むのが辛《つら》い。頭がぼおっとして、熱もある。

熱を測ると、三十九度近くもある。

(ひょっとして……)

朝を待って、近所のMクリニックで診てもらった。

「コロナです」

保健所にはクリニックの方で連絡をしてくれるようで、一報あるまで自宅待機を言い渡された。

Iさんは、劇団を持っていて座長を務めている。さっそく全劇団員にメールを送り、電話もした。

「俺、コロナにかかったから誰も来るな。みんな濃厚接触者の可能性があるから自宅待機。スタジオはキャンセル。しばらく練習もなし」

もともとコロナ禍により、演劇活動はやれない状態だったが、それでも練習場に足を運ぶ劇団員もいる。また劇団の事務所にスタッフとして出入りしている劇団員もいる。それらの出入りを完全に禁止し、Iさんの自宅に見舞いに来ることも禁止した。

そのまま、Iさんは自宅で寝込むことになる。Iさんは独身。一人、寝室で寝る。ところが、寝るとすぐに目が覚めて、また寝ると目が覚めるということを繰り返す。寝た気がしない。

何度目かに、ふっと目覚めた時、あたりは真っ暗だった。

(えっ、夜？　俺、大丈夫なんかな。クリニックの先生、後の処理はこっちで全部するからって言うてたけど、ほんま、俺、なんもせんでええんかな)

そんなことを考えていると、隣のリビングに人の気配を感じた。

(えっ、人がおる)

誰や、と言いたいが声も出ない。

(多分、劇団の誰かが見舞いにでも来たんやろな。俺、独り身やから、俺の身の回りの世話でもするつもりやろか。来るな、言うてたのに。はよ、帰れよ。こんなこと許してたら、劇団でクラスター発生や)

帰るように促そうと、なんとか立ち上がった。その瞬間、リビングへと通じるドアが音もなく開いた。そして黒い人影のようなものがそこに立っているのだ。

「誰？」

声にもならないか細い声が思わず出た。だが人影はそのまま暗いリビングの奥へと消えた。

寝室と、リビングの電気を点《つ》けた。

誰もいない。

（あかん、俺、幻覚見てるわ）

しかし、ドアは開いている。今、目の前で音もなく開いたところを見た。それは幻覚とは思えない。そして、玄関のあたりにやはり人の気配があるのだ。

ここで、あっ、と思った。

（玄関の戸、カギが内側から閉まってるはずやな。入れるわけないがな。だったら、なんで人がおるんやろ）

ふらふらと立ち上がって、リビングへと入り、そのまま玄関へ行こうとして、リビングの真ん中あたりで倒れた。床がひんやりとして気持ちがいい。

（あかん、このまま寝てしまうと、危ないわ。救急車、救急車、救急車呼ばな……）

そこから記憶が無い。

「ご主人、ご主人！」という声で目が覚めた。救急隊員が三人いた。

（あっ、俺、救急車呼んだんかな……）、そう思って「はい」と返事をした。

とりあえず救急隊員に寝室まで運んでもらって、処置をしてもらったが、隊員が言うには、「救急隊員が勝手に病院へ搬送することは出来ません。ですからしばらくこのまま、様子を見ていてください。そしたら保健所から連絡があります。入院要請はしてあります」

そしてこう言われた。

「でもよかったですねえ。娘さんからの連絡がなかったら、ご主人、危なかったですよ」

「そうなんですか？　えっ、娘？」

娘って、誰だ？

聞くとこういうことだった。

Mクリニックに連絡が入った。それがIさんの携帯電話の番号からだった。出ると「Iさんの娘」を名乗って、救急要請が入ったのだという。だから、彼らがここにいるのだ。

そういえば、Iさんは救急隊員に起こされた時、リビングに倒れていた。だが、携帯電話は寝室にある。Iさん自身が掛けられる状態にはなかったのだ。そして、ここも謎なのだが、玄関のカギはかかっていなかったというのだ。

救急隊員が帰るとすぐに、劇団員たちにメールを送った。心あたりのある劇団員にも電話をした。しかし、誰も来ていないという。

「そんなん、行くわけないじゃないですか。クラスター発生したら劇団ヤバくなりますよ」

その通りだ。じゃあ、何が起こったんだ？

実はここに越してきて、日が経っていない。したがって数人の劇団員以外は、Iさんがここに住んでいることを知らないはずだ。また、Iさんの家は通りからは分かりにくい場所にある。だからここに入ってくる人間は、限られてくる。

ともかく、また寝込んだ。やはり、寝ては覚め、覚めては寝るの繰り返しが続く。しかし目覚めると人の気配を感じる。ちょっと腹が立ってきた。

（あれほど来るな言うてるのに、誰や）

起き上がろうとすると、またドアが音もなく開いた。真っ暗なリビングがその向こうにある。

部屋の時計を見た。枕元の目覚まし時計と柱時計。どちらも三時を示していた。

（三時？　てことは、早朝？）

ここでやっぱり誰かが来たことを確信した。救急隊員は、寝室とリビングの電気を点けたまま帰っていった。つまり誰かがリビングの電気を消したのだ。

よたよたと立ち上がって、リビングへ行き電気を点けた。するとリビングの時計は五時を指していたのだ。そのまま壁を伝いながら玄関へと行く。やはり誰もいない。玄関にある置時計も五時を指していた。

体が熱い。涼もうと玄関のドアを開けた。

薄暗い。Ｉさんの時間感覚としては、早朝の五時。しかし、何か違う。

（早朝の五時って、こんなんやったっけ？　なんか違うよな）

よく見ると、正面に見える米屋が営業をしていて、人通りもある。ということは、夕方？　つまりは、今は十七日の午後五時ということか？

ドアを閉めると、あたりが真っ暗になった。

（あっ、電気がまた消えている！）

慌てて玄関のドアを開けて、外の薄明かりを玄関に入れた。なんだか寝室に戻ることが怖くなった。しかしそうも言ってはいられない。電気を点けながらなんとか寝室へ戻った。

寝室の枕元の電気を点けたとき、枕元の時計が目に入った。こちらの時計はやはり三時。寝室の二つの時計はどちらも三時きっかりで止まっていたのだ。

そのまま仰向《あおむ》きに寝た。身体が布団の中にめり込む感覚がする。身体が熱く息苦しい。無理して玄関へ行ったのが祟《たた》ったように思えた。

（あっ、俺は、死ぬな。いよいよアカンな）

そんな思いが頭を過《よぎ》った。その瞬間、自分の右手首をぐっと摑《つか》む者がいた。その摑まれた感触と手の熱が伝わり、ふっと、地の底から呼び寄せられた感覚がしたのだ。

（誰だ？）

そう思って目を開けた。あの黒い人影が目の前に覆いかぶさっていた。その人影がその左手でIさんの右手首をしっかりと握って、ぐっと引っ張り上げようとしている。

そこで気を失った。

「大丈夫ですか？　ご主人、大丈夫ですか？」

思わずその声に反応して、

「あ、はい」

と返事をして、目を開けた。

目の前に防護服の男がいた。訪問ドクターを名のった。

「ご主人。Mクリニックで診断されましたよね。入院要請をかけていますがまだ連絡がありません。なので様子を見に来ました。実は三時に伺うつもりが、こんな時間になってしまいました」

Iさんの中で、時間の混乱が起きた。

「あの、今、何日の何時ですか？」

十七日の午後六時過ぎだと返答があった。さっき、玄関の外は夕刻で、時計は五時を指していた。ということは、あれから一時間たったというわけか。寝室の時計は相変わらず二つとも三時で止まったままだ。三時……？

「でも、うちがよくわかりましたねえ。ここ、わかりにくかったでしょう。初めて来る人はたいてい迷うんですよここ」

そうIさんが言うと、ドクターはこう言った。

「それが、娘さんから連絡がありましてね。さっきまで電話で道案内していただいていたんですよ。でも、私の携帯の番号をなぜ知っていたのでしょうかね？」

「娘？　何番からかかってきました？」

Iさんの携帯番号だった。しかし、最初の救急隊員が来た要因となったMクリニックへも、このドクターにも電話をしたという履歴はなかった。

俺、独り者で、娘はいないんですけど、とは言わなかった。話がややこしくなるし、説明する気力もない。ドクターに処置をしてもらっているところに、Iさんの携帯電話が鳴った。

ドクターが出てくれた。

「たった今、保健所から連絡が来ました。入院が決まりました。よかったですねえ。

三時間以内に救急車が来ます。それに乗ってください」

そう言って、訪問ドクターは帰っていった。

夜、九時頃、救急車が到着。Ｉさんは病院へ搬送され、入院することとなった。

なぜか、入院をしたのは十七日の夜のはずだったのに、実際は、十八日の夜だったという。

入院

Iさんの話の続きである。

目が覚めた。

ピコーン、ピコーンという電子音が聞こえる。灰色のコンクリートの天井が見える。そして自分はというと、どうやらたくさんのチューブが体に突き刺さっている状態で、ベッドに仰向けになって横たわっていた。

(ああ、俺、入院したんやな)

すると、すすり泣く声がする。一人ではない。何人かが泣いているのだ。

ふっと、泣き声がする方向に目をやった。空きベッドが三つほどあって、その向こうのベッドの周りに何人かの人がいて泣いているのだ。医者や看護師もいる。一人が医者に呼ばれて何かを告げられている。するとその人が「わあーっ」と大声で泣きだした。

誰かが亡くなったようだ。

Iさんは察知した。

（ここは重症患者専用の病室だ。ここに入れられた者はああやって死ぬんやな。ああ、俺ももうすぐかな）

しばらくして、さっき亡くなった人がベッドごとこっちへ運ばれてきた。出口はIさんのベッドの近くにあるので、近づいてくる。泣いている親族もその後をついてきている。Iさんのベッドの横を通り過ぎた。そして出口から出ていく。親族たちもそれに続いた。するとそのすぐ後を黒い人影がスウーッと移動して、後を追うように病室を出ていった。

（あいつや。俺の部屋にいた、あいつや。ということは、俺もいよいよか）

本当に、覚悟をした。そしてまた意識が遠のいた。

「Iさん、Iさん、起きてください」

その声に、意識を取り戻した。

「目が覚めましたか？　大丈夫ですか？　お熱測りますよ」

目の前に防護服を着た人がいて、こっちを覗《のぞ》き込んでいる。ほかにも同じ防護服姿の人たちがいる。それにさっきと部屋も違う。

「あれっ、部屋、替わったんですか？」

そうIさんは言った。

「最初からここですよ。ここは集中治療室ですよ」

（あっ、じゃあ、さっきのは夢やったんや。助かった）と、ホッとした。

病室は満員だということで、集中治療室に入れられていたようだ。中等症という診断で、これは重い方だと言われた。

当時はこれといった治療法があるわけではなかった。熱が出たら解熱剤を飲まされる。慢性化すると点滴。あとはひたすら耐える。そうするとしばらくしてピークは過ぎる。だいたい二週間で退院。Iさんはそう聞かされた。

Iさんは入院生活をはじめたが、夜になると聞こえてくる音が気になったという。

毎夜、集中治療室の前を行ったり来たりする足音がするのだ。

ゆっくりとした歩み。その音が病棟に異様なほどに響き渡る。

そしてそれはどこへ行くでもない。この集中治療室の前を、ただ行き来している。

そして、この足音を聞くたびに拒否反応が起きるのだ。

ある夜、看護師さんを呼び出して聞いてみた。

「さっき、部屋の前を大きな足音を響かせて歩いている人がいたんですけど、見ませんでした？」

そんな人はいないという。また、誰もそんな足音も聞いていないとも言われた。

ある夜も、その足音が響いていた。ゆっくりとした歩み。タァーン、タァーンという残響音。この時、拒否反応の原因が分かった。

(あの音や。中学校の時の新聞配達。あの団地の五階から聞いた、階段を上る足音。まさにあれだ。ということは、あれはやっぱり死神なのか?)

そう思った瞬間、足音がピタリと止んだ。気配がなくなったわけではない。扉の向こうにじっと立っているのがわかる。そして、扉からふっと何かがすり抜けて入ってきた。

それはIさんの部屋にいた、そして入院して最初に見た、あの黒い人影だった。そしてそれは、Iさんに覆いかぶさってきた。目の前が真っ暗になった。そして身体が焼けるように熱くなった。

(あっ、俺、死んだ)

そう思った。


「Iさん。Iさん。大丈夫ですか?しっかりしてください」という声に目が覚めた。警告音のようなものが聞こえる。体中に突き刺さったチューブと連動しているコンピュータのモニターから、その音は発せられていた。

Iさんはうっすらと目を開けて「はい、大丈夫です」と弱々しく返事をした。

もうわからない。どこまでが現実で、どこからが夢なのか。いや、あれは夢という感じはしない。あるいは、今も含めて全部夢なのか？

しかし、この日を境にして、症状が良くなって、体調も楽になってきた。そしてあの足音を聞くこともなくなった。元気になってくると、だんだん退屈を覚えるようになった。

入院して十日たった日。看護師さんが来て言った。

「もうお風呂《ふろ》に入れますけど、入られますか？」

もちろん、と答えると「じゃあ、準備しますね」と着ていたものを脱がされた。ただ、点滴などの管が右腕にたくさん刺さっている。これは外すことはできないので、とビニールをぐるぐると巻いてくれた。と、この時のことだ。

「えーっ、どうしたんですか、これ！」

看護師さんが思わず大声をあげた。

ふと、右腕を見た。その手首に、赤い手の跡があった。

「Iさんが自分でつけたんですか？」

そう言われたがそんな覚えはない。そして風呂に入ってその手首を左手で摑《つか》んでみた。どうやってもこんな手の跡はつかない。これは逆側からついている。明らかに他人の手の跡だ。

そして、その跡のあたりは熱を帯びていた。

思い出した。

Ｉさんが自宅で苦しんでいた時に、ふっと現れて、覆いかぶさるようにしてその左手で、Ｉさんの右腕をぎゅっと摑んできたのが、あの黒い人影だった。あの時は引っ張り上げてくれた感覚があり、気づけば訪問ドクターが目の前にいた。

Ｉさんは言う。

「今思うと、俺、死神に助けられたんやないかと思うんですよ。娘を装って俺を救うように電話をしてくれたのもその死神でしょう。死神は人の生死を司《つかさど》るので、場合によっては人を生かすこともあると聞きました。俺の中では中学の時に見た死神と、全部つながったんです」

萌えない？

死神を見たというこんな話もある。

これはある女性が、ホラー漫画家の奥さんから聞いたというものだ。

その奥さんはA子さんという。よく霊を見るという体質だそうで、そんな話をいくつか聞かされたそうだ。それでこんな質問をしてみたという。

「いつから見えるようになったのですか？」

A子さんは「そうねえ。子供の頃から見ていたとかじゃなくて、中学生の時、あることがキッカケで見えるようになったのよ。実はね、私、一度死んでいるの」

「えっ、事故かなにかに遭ったんですか？」

「ううん、違うのよ」

A子さんは言う。

中学一年の時、部活から帰ってきて、制服のまま二階の自分の部屋に入った。

すると、そこに死神がいたのだという。

「それこそ、いかにも死神という風体でね。黒いローブをまとったガイコツが、三日月形の鎌を持って振り上げていたのよ」

ところがA子さんは、底抜けに明るい性格だったことと、育ちがいいということもあったのだろう。びっくりしながらも初対面の人には挨拶《あいさつ》をしなければと思ったのだ。

「はじめまして」

と、頭を下げたのだ。すると、振り上げられていた鎌が落ちてきて、A子さんの体をふっと突き抜けた。

（あっ、私、死んだ。マジか……）

そう思って前を見ると、そこにいる死神は「あっ、しまった」と表情になったという。

「ガイコツなんだけど、なんかわかったのよね」

ところがそこからの記憶が無く、気が付くと朝で、パジャマに着替えてベッドで寝ていたのだ。

（昨日のあれは、なんだったんだろう？）

死神の記憶は鮮明にある。だが、着替えた記憶がない。しかも制服はベッドの横に綺麗《きれい》に折りたたんだ状態で置いてあった。

（お母さんかな？）

下に降りると朝食の準備をしているお母さんがいた。

「ねえねえ、お母さん。私さ、昨日部活から帰って部屋に入ったよね。その後、私なにしてたっけ？」

するとお母さんは「そうねえ。お夕食なのに下りてこないから、あなたの部屋の前に行って声かけたのよ。『大丈夫？』って。そしたら『大丈夫、大丈夫。でも、疲れてるから寝かせて』って、そんな返事だったから、そのまま寝かせてたんだけど」と言う。

「パジャマに着替えさせてくれたの、お母さん？」

「ううん。だって内側からカギ閉まってたし」


そんな話をしながら、A子さんはニコニコしていたそうだ。

「なに？　どうしたのよ」

「だってさ。私の制服、ありえないほど綺麗に畳んであったのよ。萌《も》えない？」

「えっ、何が？」

「だって考えてみてよ。死神が鎌を置いて、私の制服を畳んだのよ。そんな姿って、なんか萌えない？」

山の足音

Mさんは高校生の頃、山岳部に所属していた。

この頃から、毎年大晦日《おおみそか》になると、同じ山岳部の部員C君と飛騨《ひだ》山脈のある場所へ行きテントを張ってご来光を待つ、という事を五年ほど続けたという。この頃は、山の上でお雑煮を作り、ご来光を見ながら食べるのが何よりの楽しみだったのだ。

就寝は夜の九時。ランプを消して寝袋に入るとまったく明かりはない。

ところが、夜中に必ず誰かが来るのだ。

ザック、ザック、ザックと雪を踏みしめる足音が近づいてくる。それも二、三人の。

その時は、ふたりとも目を覚まし、上半身を起こしてその音を聞くことになる。

「誰か、来るな」

夜行登山する場合はヘッドランプを必ずつけて歩くはずだが、そんな明かりは無い。

テントの出入り口を開けて外を見てみるがやはり漆黒の闇があるだけ。しかし、足音はそのまま近づいてきて、目の前を通り過ぎる。その度にゾッとしてテントに入る。

ある時などは、足音を追って懐中電灯を照らしてみたことがあった。すると新雪の上にきっちりと二人分の登山靴の跡が残っていたのだ。ところが、自分たちがここまで歩いてきた足跡はこの新雪で消えている。つまり確実にその足跡は、今、誰かがつけたということになる。だが、その姿は見えない。

そんなことが毎年続いたのだ。

しかもそれは、ほぼ同じ時間、場所で同じ現象として起きるので、最初の一、二年はとんでもなく怖かったが、三年目、四年目となると「また来たね」と、少し慣れてしまったのだそうだ。

そして五年目、また同じように足音が聞こえてきた。

「また来た」

だが今度ばかりは様子が違う。音と一緒にヘッドランプの明かりもこっちへ近づいてくるのだ。人だった。

三人の登山者が道に迷っていたのだ。

だがMさんたちは、人ということが確認できた時の方が怖かったそうだ。

山女

Tさんは、関東のある山で山小屋を営んでいる。

叔父《おじ》が長年やっていたのだが、もう年だということで経営権を譲ってもらったのだという。

これは、経営を始めて三年目のことである。

冬の間閉じていた山小屋を開けるため、Hさん、Iさんというスタッフと共に、山を目指して車で向かっていた。車はワゴン車で、食料や飲料水、燃料などを詰めた箱も運ぶ。

車で行けるところまで行って、あとは三人で、荷物を背負って山小屋に入るのだ。

早朝、麓《ふもと》に着く予定で真夜中の国道を走り、途中から山道に入った。

明かりは無く、漆黒の闇の中、ナビとヘッドライトの明かりだけを頼りに山道を登る。

すると、ヘッドライトの明かりが、女性の後ろ姿を照らし出した。

黒髪に、膝《ひざ》までの白いワンピース。そして、何も明かりを持っていない。

「おいおい、こんなところを女の子が歩いてるよ」

ハンドルを握りながらTさんは言った。

ところが、助手席に座っているHさんは「えっ、どこ？　そんなのいませんよ」と言う。

彼には見えていないようだ。

しかしTさんにはしっかりと見えている。

ヘッドライトの明かりが彼女の背に当たり、前には影を落としている。しっかりと彼女は物体として存在しているとしか、Tさんには思えない。ただ、こちらは車、女性は歩き。しかも登り坂だ。なのに、その距離が縮まらない。ずっと同じ間隔があいている。しかも、彼女はずっと同じペースで、ただ歩いているのだ。

「おい、Iさん。あんたにはあの女が見えるかい？」

後部座席に乗っているIさんに声をかけた。

「なに、女だって？　どこ？」

「ほら、前見てみろよ。ヘッドライトの先」

「誰もいないけど」

そう答えが返ってきた時、Tさんは総毛立った。

「じゃあれ、やっぱり幽霊か？　俺だけ幽霊見てるのか？」

「幽霊って、どこだよ。何言ってるんだよ」

するとに急に、前を歩いている女性がすっと移動したかのように見えた。いや、彼女の歩みはそのままなのに、この車が彼女を追い越したのだ。

「あっ！」

その途端、Hさんが声を出した。

「俺、見たかも！」

サイドウィンドウ越しに、いきなり白いワンピース姿の女性の後ろ姿が現れて、そのまま前から後ろへ向かって流れるように移動した。それを思わず目で追って、振り返るともう漆黒の闇で女性の姿はなかったというのだ。

「こんな時間に、明かりも持たず、あんな軽装でこんな山道歩くのって、おかしいって」

「じゃあ、やっぱり、その子、いたんだな」

幽霊っているんだ。Tさんは生まれて初めてそんなことを思った。

十分ほど走っていると、また、ヘッドライトが白いワンピースの女性の後ろ姿を照らした。

間違いない。さっきの女性だ。

やはり彼女は山道を、軽い足取りで、白いワンピースをふわふわ揺らしながら登っている。しかしこのヘッドライトの明かりが無いと、そこは漆黒の闇であるはずだ。どう考えても歩けるわけがない。そして、やはり距離が縮まらない。

怖くなった。これ以上進めない。と、また彼女をこの車が抜き去った。

「あっ、またいた！」

Hさんの声がした。彼にはこの車に追い越される時のみ、その女性が見えるらしい。そしてIさんには、まったく見えないようだ。

この先を進むと、またあの女性に遭遇するのに違いない。そう思うと、引き返したくなった。

「おい。引き返すぜ。どっかファミレスでも喫茶店でもいいから見つけたら中へ入って、朝まで待とう」

結局、来た道を引き返してファミレスを見つけて、食事をしながら朝になるのを待った。

駐車場に戻って車に乗り込もうとしたら、スマホを見ていたHさんが「おい、大変だ」という。

ニュースが入っていた。

Tさんたちが入ろうとしていた山で、山津波があったらしい。

発生したのは、ちょうどTさんの山小屋へ行く途中の場所だった。

あのまま山へ直行していたら、ひょっとしたら山津波に遭って、命を無くしたかもしれない。そう思うと、あの白いワンピース姿の若い女は、その警告のために現れてくれたのかもしれない。そう思えてきたという。

その土石流を取り除くために一ヵ月半の時間を要したが、Tさんの山小屋は無事で、いつもより一ヵ月半遅れての、山小屋開きができたという。

杖

八年ほど前のことだという。

K子さんというフリーのライターが、ある旅行代理店からパンフレットの作成を依頼された。奈良県のある町の名所、名物を取材して紹介する文と写真が必要となった。

ところが、山に囲まれた町で観光資源があまりない。

いろいろとその町について詳しい人に話を聞いてみたり、役場に行ってみたりもしたが「観光名所ねえ。あったらとっくに町おこししてるわ」と言われた。

「ともかく、ここは山ばっかりでねえ」

「そしたら、その山を紹介しましょうよ。歴史のある山とか、伝説の残る山とか」

そうK子さんが提案した。

すると「ああ、それやったら、N山というのがあってな、そもそもその名前は大和言葉から来ていて、意味は……」と、いろいろ出てきた。

さっそくK子さんは、Aさんという男性のカメラマンと一緒にそのN山に登ってみることにした。

当日、N山に入った。すると普段の運動不足が祟《たた》って、一時間も歩かないのにもうへばってきた。息も切れぎれで汗だくである。しかし、遥《はる》かに年上のAさんは慣れた足取りでどんどん先を歩いている。

「ちょっと、限界……」

道端にへたり込んだ。

すると目の前に一本の木の枝が落ちていた。

「あっ、これ、杖《つえ》代わりになる」

手に取ってみると、手触りがよく、立ち上がってみたところ、長さもちょうどいい。

「これはええわ」

K子さんは、枝を杖代わりにしてなんとか頂上に到達した。

取材を終えて山を下った。そして下山口にその枝を置くと「ありがとうございました。おかげさまで助かりました」と手を合わせて帰ったのだ。

ところが数週間後、記事の書き直しを求められた。またあの山に登らなければならない。

「また登るの？　もう、勘弁してよ」

しかし仕事だ。仕方がない。またカメラマンのAさんとN山に入った。

また一時間も歩かないうちにへばってきた。

「もう、ダメ」

また、道端にへたり込んだ。

と、目の前に一本の木の枝が落ちている。

「えっ、こんなことある？　あの時の杖やん」

別にあの枝に目印があったわけでもない。しかし間違いない。手に取ってみた。同じ感触だ。でも、こんなことある？　という疑問が再び湧いた。

あの枝は、下山口に置いて帰ったのだ。なんでこんなところにあるの？

枝を杖代わりにして立ち上がると、先を歩いていたAさんがそれを見て小走りに戻ってきて言った。

「これ、この前あんたが使ってた木の枝やん。間違いないわ。こんなことあるんやねえ」

Aさんはあの時、ひいこら、ひいこらと杖を頼りに登っていた姿を覚えていてくれたのである。

当時を振り返って、K子さんは言った。

「あれは、山の神様が私を助けてくれるために授けてくれた杖だと思っています。山って不思議なことがあるんですね」

助けてくれた男

私の怪談仲間にSさんという人がいる。

父親が東北の山村出身だったこともあり、Sさんは幼い頃から山が遊び場で、登山もよくしていたという。

高校生の頃には、テレビや雑誌などで「登山する人はナウい」とか「モテる」ともてはやされていた。また、若いカップルが山登りをしたり、キャンプをしたりするのが流行《はや》りだしていたそうだ。

ただ、Sさんの父は「山登りに慣れていないヤツが登山をするのは危険だし、よろしくない」と常々言っていたらしい。

そんな中、同級生のA君が「俺、山登りが得意なんだ」と言いだした。どうも女子にもてたい一心での発言のようだ。

当然、みんなからは「嘘つけ。お前が山登りをしてるとこなんて、見たことないぞ」「道具だって持ってないだろ」と責め立てられた。

「いや、道具も持ってるし、山登りをしたこともある」とA君は言い張った。「じゃあ、今度の休みの日、一人で登山してくるからな」と言い残して、本当に一人で山へ出かけたのである。

それを知って「あいつ、大丈夫かな」「山の知識も持たないで行ったみたいだな」とみんなは心配した。

そして案の定、A君が帰ってくるはずの日に帰ってこないと、親御さんから連絡があった。

A君がF谷へ行くということは聞いていた。

そこで、学校の友人たちは、登山仲間や町の消防団の人たちと一緒に車をとばして現地へ行き、大掛かりな山狩りとなったのである。


翌朝、A君は発見された。

一体どうやってこんな場所にやって来たのだろうという、谷底に倒れていたのだ。息も絶え絶えで、両脚を骨折している。

病院へ搬送され、そのまま入院となった。

A君の容態がやや落ち着いたころ、「一体、なにがあったんだ?」と聞いてみた。するとこんな話だったのだ。

その日、午前中は快晴だった。

このまま登っていけば、楽勝だ、と思っていたという。

ところが午後になって天候がくずれてきた。

登山道に張ってあるロープを伝って登っていく。だが、地図に描いてある稜線《りょうせん》とは違う方向に向かっていることに気づいた。

（ひょっとして、地図の方が古いのかな？）

そう思いつつも、ともかくロープに沿って歩いた。

ところがロープは、岩の切り立つような場所へと案内していく。

（これはおかしい！）

そう思った瞬間、足を踏み外した。

そのまま下に流れている川の河原へと転落した。

この時、両膝《ひざ》の皿を割って、そのまま動けなくなったのだ。

見上げれば、さっきまで掴《つか》んでいたロープが見える。また空も晴れてきた。

このまま待っていれば、他の登山者が来るだろう。その時に助けてもらおうとあえて動かずにいた。

しばらくすると、人の気配がした。

「天候が戻ってきたな。よかったよかった」という男の声がする。

「すみませーん！　すみませーん！」とAさんは大声を出した。

すると、岩場から面長の三十代後半と思《おぼ》しき男がこちらを覗《のぞ》き込んでいるのが見えた。

「あっ、あの、俺、崖《がけ》から落っこっちゃって、動けないんです！　助けてください」

「あっ、ちょっと待ってね」と言うと、その男は、どうやってこんなに素早く降りてこられたのか、もう近くにいて、こちらに歩いてくる。

「すみません。あそこから転落しちゃって。どうやら脚、折っちゃったみたいで動けないんです。どうしたらいいですかね？」

するとと男は「こういう場合はね、無理しないで下っていくしかないです。ともかく下りましょう。ショートカットで行くしかないよ。私が肩を貸してあげるから、さあ、下りましょう」と言う。

それで男の言うとおり、肩を貸してもらって、共に谷を下った。

ところが彼が行くところは、怪我人に、こんなところを歩かせるか？　と疑問に思うような岩場ばかりなのだ。

すると男はそういう思いを察したのか「辛《つら》いだろうけど、この道が近道だから」と言う。

ともかくも、今はこの男を信用するしかない。ひどい痛みと闘いながら足をひきずり、帰りたい一心で踏ん張った。浮石を踏むごとに激痛が走る。やがて、川の流れる音が聞こえてきた。

「ほら、川の流れる音、聞こえるでしょ。あの川から稜線のある道に行けるから」と男は言う。

「すみません。もう限界です。もう歩けません」

A君の体はほんとうに限界だった。骨折により脚は歪《ゆが》んでいるし、何よりもその激痛に耐えられない。熱も出ていて、体が冷えて、汗がダラダラ出てくる。

「そうか。じゃ、君。ここで休んでなさい。水汲《く》んできてあげるから」

男はそう言い残して川の方へ歩いていった。

ところが男はそれっきりどこかへ行ってしまったのだ。

いつまでたっても彼は戻ってこない。大声を出すが、誰もいない。いや、ここは人の来るような場所じゃない。これだったらまだ転落したあの場所にいた方がましだったと思う。が、もうどうすることもできない。そして日も暮れてきた。

(もう終わった。俺、ここで死ぬんだ)

そう覚悟したという。

そして朝になって、仲間たちに助けられたのだ。

「それにしてもあの男は誰だったんだろう。どこに行ったんだろうと恨むというより、もう意識が朦朧《もうろう》としていて、じっとしているしかなかったんだ」とA君は言う。

ようやく退院して、A君が仲間たちに挨拶《あいさつ》をしていると「馬鹿野郎。怪我した時に、山を下るヤツがあるか！」と何人かから叱られた。

山を知る者たちの間で、このことは常識だという。

山は上に登るほど道の選択肢が狭まっていき、頂上という一つの正解しかない。また頂上なら登山者も必ず来る。逆に、下っていくほどに山は広まって迷ってしまうし、岩や崖も多くなる。すると滑落したり、そうでなくとも怪我の容態を悪化させたりしてしまう。

「お前のやったことは自殺行為だ」と、Sさんも言った。

「なんで下りたんだ」

「だから、その面長の男が……」

そこへ、他の友人たちが言った。

「でも、お前が見つかった所って、Y沢だろ？　あそこってさ、滑落した死体が集まるところなんだよな」

「そうそう。毎年あの山で何人か死んでるんだけど、なぜかあそこで発見されるんだよな。まるで最後に行きつくところみたいだよな」

A君はそんな話を聞いて、ゾッとしたという。

あの男は、そんなところにわざと俺を連れてきたのか。

「その面長の男って、誰だよ」と友人の一人が言う。

そう言われて気がついた。

その男の顔の印象がまるでない。そして、肩を借りて山を背にして歩いていたが、その男には影がなかったのだ。

顔と影のない男。

「あの時、本人には言わなかったけど」と、Sさんはこんなことを言った。

「きっとその男は滑落して顔がなくなったか、山にいる野生動物に顔を食われたんだろう。そして、ああやって仲間を増やしていく。そういうの、山にはあるんだよ」

天狗の写真

Sさんという今年四十歳になる男性がいる。

彼の父は二十歳を過ぎた頃から修験道の行者となって、今も修行に出ていくという。

幼い頃からSさんは、この父からは天狗《てんぐ》の話をよく聞かされたらしい。

「山の中で修行をしているとな、真夜中、バサッバサッと大きな音をさせて、樹から樹へ移動するモノがいる。鳥なんかより遥《はる》かに大きなモノで、行者仲間はそれが天狗やということを知っている」というのだ。

「行をやっているとな、天狗さんが、わし、おるで、みたいに出てきてくれて、わしらを見守ってくれてることがある。ただ、中には邪魔するヤツもおってな。例えば、くるくるっと風が舞ったかと思うと砂塵《さじん》となって移動しよる。そしてその先で蛇に化けて、鎌首もちあげて威嚇してきよる。けどな、わしの師匠にあたる阿闍梨《あじゃり》が蛇に向かって呪文《じゅもん》を唱えると、バラバラッと砂に戻るんや」

Sさんは、父からそんな話を聞かされるたびに「親父、嘘言うなや。天狗なんかおるわけないやん」と言うが、「見るんやからしょうがないがな」と言われる。

先日も、滝行をしているとマムシのような蛇が上からボタボタ落ちてきた。大量にいる。

しかし、心を落ち着けて呪文を唱えると、マムシは水の中に溶けていったという。

ある日、Sさんは父が修行をしている時の写真をもらったことがあるという。

その中に不思議な写真があった。

一枚は、森の中で胡坐《あぐら》をかいて両手を合わせて目をつむっている父がいる。だがその後ろに、長い烏帽子《えぼし》姿の武士のような人物が朧《おぼろ》に写っている。

「これが天狗さんや」と父は言う。

もう一枚、父が「静御前《しずか》」と名付けている写真がある。

夜の篝火《かがりび》の中にはっきりとした女の顔。

こちらは短い烏帽子、顔は真っ白でおちょぼ口の紅。眉毛《まゆげ》は太く、笑っているように見える。この女はよくはわからないが、天狗の眷属《けんぞく》だろうと父は言っているそうだ。

Sさん自身はこんな体験をしたという。

何年か前のこと。

この頃Sさんは実家を離れて、一人でアパートに住んでいた。

夜の一時に就寝した。そして目覚めて「ああ、よく寝た！」と時計を見た。

二時だった。

「えっ？」

外はまだ暗く、一時間しかたっていない。

(なんで目が覚めたんだ？)

十分に睡眠をとったという充実感と、頭の冴《さ》えもある。

すると、玄関のドアの前に、男が立っていることに気がついた。

電気は消えていて、薄暗いのではっきりとはわからない。

ただ、五十代で恰幅《かっぷく》のいい男。角帯の着物を着ているというイメージが脳裏に浮かんだ。

(あっ、親父かな？)

そういえば、昨日父は行を終えて、実家に帰っているはずだ。だから俺のところに寄ったのかな、と一瞬思った。

だが違う。

(だいたいドアのカギは内側から掛けているのに、どうして中に立ってるんだ？)

「こんな時間に誰や！」と、大声をあげようとしたが声が出ない。

今度は本を投げつけようとした。Sさんは本を読みながら寝るというのが習慣となっていて、その本が枕元にある。

しかし、体が動かない。

男が歩きだした。そのたびに、シュッ、シュッ、シュッと音がする。

音ははっきり聞こえるが、実際に男の姿は見えないのだ。ただ、脳の中にイメージとして浮かぶのだ。シュッ、シュッ、シュッという音と共に、足袋《たび》が畳をする音も聞こえる。ああ、あれは衣擦《きぬず》れの音だと理解した。

男は、部屋を一周するとそのままドアをすり抜けて外へと出ていった。

その途端に体が自由になった。

これが三日三晩続いた。

三日目は、男は微動だにせず、ただ、部屋の隅で正座をしているだけだったという。

このことを父に相談すると「わしが行場から連れてきたのかもしれんなあ」と言って、アパートに来てくれた。部屋の中で護摩焚《た》きをしてお経を唱えてくれた。

すると、どこか濁っていたSさんの部屋の空気が一変した。

軽く澄み切った空気となって、気のせいか部屋も明るくなったのだ。

それからは、怪しいことは起こっていない。

そんなことがあってからは、少しは親父の天狗の話も信用してやろうと思うようになったそうだ。

ちなみに、天狗と静御前の写真は今も父親が持っているはずだ、というので、私も見せてもらう約束をした。

高野山の茶店

　Iさんが、亡くなった祖母から何度か聞かされたという話である。

　Iさんが生まれた時、母親はそのまま大病を患って生命の危機に瀕《ひん》したという。

　この時、母の母親、つまりIさんの母方の祖母とその妹、Iさんにとっての大叔母《おおおば》が、その無事を祈って二人で高野山《こうやさん》にお参りに行った。今から三十年ほど前のことだという。

　南海電車極楽橋《ごくらくばし》駅から高野山ケーブルに乗って、高野山駅で降りる。ここから登山道を歩いて目的の寺へと歩く。

　二人とも何度も通った慣れた道だ。

　夏のこと。汗だくになって登山道を行く。参拝客は団体客もいて登山道はわりと賑《にぎ》わっている。ところが歩いているうちに、ふと、脇道があることに気が付いた。森へと続く砂利道で、小川があるのか石造りの小橋が架かっている。

　あんな道、あったっけと二人は思ったが、どちらかが誘ったわけでもない、なんとはなく、あの道を行かなきゃ、とその道へと入っていったのだ。

石橋を渡ると、いきなりしんと、静まり返った。蟬時雨《せみしぐれ》が止んだのだ。そして風の音さえない。しかし、森は深くなっていく。

（あっ、これは来たらあかんところに来てしもうたな）

声にはしないが、大叔母はそんなことを思いはじめていることが雰囲気でわかる。

しかし、このまま進むしかない。そんな気もする。

その時「ええか姉さん。振り向いたらあかんで」と大叔母が声を出した。

わかっている、とばかり祖母は頷《うなず》いて、そのまま細い山道を登っていく。延々と森は続いて人っ子一人いない。音も、二人が道を踏みしめる足音以外はまったく無い状態が続いている。

風も無い、というより、空気がまったく動いていないという感覚だ。ともかく、鳥も虫さえいない異様な森の中に迷い込んだ、そんな状況だ。

二、三十分歩いていると、霧が出てきた。すると、みるみる視界が真っ白に閉ざされた。

もう、どこをどう歩いているのかもわからない。

「姉さん、どうしよ」

「なんや怖いな。ここ、どこやろ？」

と、二人の足元に一匹のリスが現れた。

森の中ながら、やっと生きて動いているものに遭遇したという安堵感《あんどかん》が湧いてきた。

リスは、二人の前を小走りに行くと、霧の中に隠れるか隠れないかの境のあたりで歩みを止め、二人の方を振り返る。二人がリスに近づくとまたリスは小走りに進んで、止まっては二人を振り返る。そんなことを繰り返す。

「なんか、うちら、導かれてるようやな」

「ほんまやな。あっ、あれなんやろ。なんか見えてきたで」

霧の中から何かが見えてきた。小さな祠《ほこら》だった。見ると、小さな朱塗りの不動明王が鎮座していた。

「お詣《まい》りせえということやな」

二人は揃って不動明王に「道に迷いました。お助けください」と、手を合わせた。

「さあ、行こうか」と立ち上がると、あのリスはいなくなっていたが、霧が晴れだした。だんだんと視界も戻っていく。すると、一軒の茶店があった。

古めかしい木造の家屋ではあるが、幟《のぼり》が立っていて店は開いているようだ。

「あそこで涼んでいこう」

二人は店に入ったが、なんだか造りが古いし、店番をしているおばさんも、髪を結っていて、和服に割烹着《かっぽうぎ》。今どきの人やないなと思った。

「いらっしゃい」と水を出されたので、アイス・レモンティを注文した。

「トイレ行って来るわ」と席を立った大叔母が、しばらくして席に戻ってきた。

「ここ、やっぱ変やで」と言う。

今どきのトイレではなかったらしい。木の開き戸を開けると木の床に四角い穴が開いているだけのもの。トイレットペーパーはなく、粗い落とし紙が入った箱があったというのだ。

そしてトイレを出ると水道ではなく、手洗い用の水タンクがぶら下がっていた。

「あんなん、久しぶりに見たわ」

そう言われて改めて店内を見てみると、自分たちが若かったころに見たような内装で、宣伝用のポスターなども、昔見たようなものが貼ってある。

しばらく休んでいると霧も完全に晴れていた。

もう出ようと、店のおばさんにお代を払いながら聞いた。

「ねえ、大きな道に出たいんやけど。どう行ったらええ?」

するとおばさんは、丁寧に教えてくれた。店を出て、教えられたとおりに小道を歩くと五分もしないうちに国道へ出た。それは唐突に目の前が開けたという感覚だった。

そして蟬時雨が聞こえている。

戻った、という感覚がした。

そこへタクシーがやって来た。手を挙げて合図を送ったがそのままタクシーは二人の前を通り過ぎた。

「ああ、乗車拒否された」と、走り去るタクシーを目で追ったが、その先でブレーキがかかって停車し、少し間があってバックで戻ってきた。

さっそく乗り込むと、運転手が言った。

「すみません。けど、びっくりしたわ。あんたら人の出てくるようなところやない場所から、いきなりヌッと出てきたもんやから。思わず通り過ぎてもたわ」

そう言われて、さっき自分たちが立っていた場所を見た。小道も何もない、鬱蒼《うっそう》とした森しかなかったのだ。

その夜、無事に家には戻ったものの、結局どこのお寺にもお詣りすることができなかったのである。

しかしそれから数日たって母親の容態はすっかり良くなった。

そして退院の話も出た。

「お礼参りに行こう」

また二人は、高野山にお参りに行ったのだ。

そして、あの不動明王にお礼をしようと、石橋の架かった小道を捜した。ところがそんな道はなかったのだ。地元のことに詳しそうな人に聞いてもみたが「そんな道も祠も茶店も、見たことも聞いたこともないなあ」と言われたのである。

「そやけどな。今はそんな話、あんまり聞かんやろうけど、ばあちゃんの子供の頃はそんな話はぎょうさんあったし、高野山も不思議なことがいっぱいあったもんやで」

Iさんはこの話を祖母から聞かされるたびに、そう言われたのだそうだ。

山の神

Iさんの怪談仲間の話である。

Hさんは、大学を卒業しても就職もせず、毎日ぶらぶらと遊んでいた。

実家は土地を持っていて裕福である。だからお金の心配はないのだ。

しかし父親は言う。

「お前なあ。なんでもいいから働けよ。まだ若いんだから、何かやりたいことないのか？」

そう言われてHさんは、「コーヒー・ハウスをやってみたい」と返事をした。

実際のところ、Hさんはいろいろな種類のコーヒー豆を通販で買って、自分のオリジナルブレンドを作って飲むことにはまっていた。

「なあ、親父。俺、まじめに働くよ。その代わり、あの山際に使ってない家があるだろ。あそこ使わせてもらえないか？」

その家は、ちょうど国道沿いにあって車がよく通る。ドライブ・インのコーヒー・ハウスを作って経営したくなったのだ。

「そうか。真面目に働くっていうのなら、資金も出してやる」

そういう経緯があって、Hさんは一軒の家をおしゃれなコーヒー・ハウスに改造した。

丸太でくみ上げたログハウスのような建物。国道沿いで裏には小川が流れていて、その対岸は森。その景色を楽しめるようにとテラスも造り、テーブルを置いた。

照明にも凝って、電灯ではなく、ログハウスに合いそうなランプをあちこちに吊《つ》るし、暖かみのある木の素材を生かすようにした。

経営をはじめてみると、なんとか利益は出る。都会に出てアルバイトをやるくらいの儲《もう》けだ。ただ、人を雇う余裕はなく、Hさんが一人で店を切り盛りしていた。それでも、自分の趣味を生かした商売はやっぱり楽しい。

毎日、店へ出るHさんを見て、両親も喜んだ。

Sさんのところにも、連絡があった。

「おしゃれなコーヒー・ハウス作ったから、いっぺん遊びに来いよ。カナダにあるようなログハウスだよ」

「そうか。じゃあ、暇になったら友達を大勢誘って行くよ」という返事をした。しかし、忙しく、なかなか行けずにいた。

一年ほどしてSさんのところへ「店はもうやめた」という連絡があった。今は父親の紹介である会社に入って、サラリーマンをやっているという。

「なにがあったんだ？　やっぱりあれか。田舎すぎて、お客が入らなくなって、店、潰《つぶ》したな？」

Sさんがそう言うと「違う」と言う。

実は、お客は増えていたというのだ。人里離れた国道沿いの店。当然ながらお客はみんな車で来る。だから駐車場を拡張することにしたのだという。

「親父。あそこの小川が流れているところ、ちょっと埋め立てしたいんだけど」

すると父親は「あの川に手を入れちゃいかん。ずっとそう言ってただろ」

「わかってるけど。最近トラックの運転手なんかも来てくれるようになったんだよ。そうなるとトラックを停めるスペースがいるし。今のままじゃあ、お客さん、増えないよ」

「いや、ダメだ」と言い張る父を、必死に説き伏せたのだという。

親としては、それまで息子が昼間からゴロゴロしていて、テレビを見たりゲームをしたりして過ごしていたことを思うと、言うことを聞いてやりたい、という思いもあったのだろう。

しぶしぶながらも許可が出た。

早速、小川の一部を埋めたてて、駐車場を拡張した。もちろん小川が流れる景色はなるべく損なわないように配慮した。

すると、お客も増えだした。土日ともなると、ドライブがてらの若い人やカップルたちが、テラスの席で、コーヒーを楽しんでくれている。

ある日の事。

「ねえ、マスター。あの森、変な人がいるよ」と、テラスで飲んでいた若いカップルに指摘された。

「どこ?」

「あそこ。あれ、いなくなったね」

川の対岸の森の中に、若い女が立っていたという。

しかし、川は小川とはいえ深いし、渓谷のような地形をしている。まず川を渡ることは考えられない。それに森の向こうは山だ。道も無ければ家も無い。あの森に立とうと思えば、背後にある山を越すしかない。

そんなところに若い女が?

「登山服かなにか、着てました?」

「いや、それが、白い洋服のようで、なんか違和感を覚えたので」という。

「お客さん、なにかの見間違いでしょう」

そうとしか考えられない。

ところが、同じ女を見た、というお客さんが増えてきたのだ。

しかし、Hさんが確認しようとすると、姿を消している。

決まって日が暮れだした頃に出るという。

ある夕方。お客さんが一人もいないということがあった。

Hさんは、その女というのがほんとうにいるのか、見てやろうと思って、コーヒーを持ってテラスの席に着いてみた。そして、対岸の森を見る。

人がいる気配はない。

すると、森の中に霧が出だした。

その瞬間、冷たい風が来て、ブルッと震えがきた。

「寒っ」

店へ入ることにした。すると、店の中に女が立っていたのだ。

白い服を着た若い女。その白い服というのが、現代のものとも昔のものとも判断できない服で、見ようによっては都会を歩いていても違和感はないものだ。

帯もベルトも無い。ただ、一枚の白い布をまとったような姿。

そんな女が、ぼやっとしたランプの明かりの下に立って、無表情な顔で、こっちをじっと見ている。

一瞬、お客さんかなと思ったが、そもそも誰もいないことを確認してテラスに出たのだ。そして、お客さんが入ってきたのならわかるはずだ。

それに——と、駐車場を見てみた。

自分の車以外に車もバイクも無い。ここは歩いて来られる場所ではない。

そして、なんという違和感。

ゾッとして、自分の車に逃げ込んだ。

妙なことに、そんなことがあった翌日から、お客が来なくなってしまったのだ。


「やっぱりか」とHさんの父親は言ったという。

「あの川を埋め立てたのがいかんかったんだ。あの川にはな、神様がおられるから、けっしてあそこを汚したり、埋め立てたりするなと、じいちゃん、ばあちゃんから聞かされていたんだ。あの川の上流に祠《ほこら》があるだろ。もしあの川に何かあったら、神様がお怒りになると、ずっと言われてててな。お前が真面目に働くというから、あそこを埋め立てることを許可したんだが、やっぱりそれは、ダメなんだよ」

そう言われて、元に戻したが、お客が戻ってくることはなかったという。

「ただ、じいちゃんやひいばあさんも若い頃から山神様のことは聞いていたというから、山神様の姿が着物とか天女みたいなものだったらわかるけど、今どきの女の子が着ていてもおかしくない格好だったので、親父も不思議がってた」とHさんは言ったという。

その女は、十八ないしは十九歳くらいの若さで、都会を歩いていても不自然ではない格好だったという。

犬の顔

ある人が「両親から聞いた話です」と、こんな話をしてくれた。

数年前のことだそうだ。

夫婦そろって四国のある山へお詣《まい》りに行った。

ある霊場で手を合わせて帰ろうとした。

すると、霧が出てきた。みるみる視界が真っ白になり、何も見えなくなった。と同時に、背後から人が来る気配がした。

ひたひたという足音と、錫杖《しゃくじょう》を鳴らす音もする。

それが近づいてくるのだ。

だが、この道は霊場が突き当りにある。そしてさっきまで誰もいなかった。人がいるわけがない。しかし、ひたひたと近づいてくる。

「お父さん、誰か来るよ」

「なんだろ」

振り返っても真っ白で、何も見えない。

すると霧をかき分けるようにいきなり顔だけが現れた。

その顔は、まるで犬か狼のようなもので、鼻は長く目は大きくランランと輝き、頭には頭巾《ずきん》をかぶっていたのだ。

それを見た途端、二人は「わっ」と駆けだしたが、すぐに霧は晴れた。

振り返ると、さっき手をあわせた霊場が見える。

「今の、なんだったんだろう」

二人、首をかしげながら山を下った。

その夜、地元の旅館で知り合った巡業者に「今日、こんなことがありましてねえ。血の気がひきました」と言うと「おたくらそれ、天狗《てんぐ》を見たんですわ」と言われたそうである。

吉野の狐

ある人が「これ、うちのじいさんからよく聞かされた話でしてね。まあ私も話半分、信じてなかったこともありまして。今思うとちゃんと聞いておけばよかったですね。じいさん、死んじまってて、もう何もわかりませんけど」と前置きして、こんな話を聞かせてくれた。

このじいさんというのは、兵庫県相生市《あいおい》の出身なので、多分そこでの話だろうという。

当時、家に風呂《ふろ》がなかったので、若き日のじいさんは銭湯に通っていた。ある夜、いつものように一人で銭湯へ歩いていって、その帰りのことだったという。歩いても、歩いても、家に着かない。そんなはずはない。ここは一本道。それにいつも通っている道だ。闇路とはいえ、迷ったり別の道を行ったりすることはあり得ない。だが、気がつけば銭湯の前にいる。また家に向かって闇路を歩く。歩いても歩いても家に着かない。気がついたらまた、銭湯の前にいた。三度、こんなことが続いた。

（おっかしいなあ。ははーん、こりゃ狐の仕業やな。わしをだまそうとしとる）

じいさんは、履いていた草履の片方を脱ぐと、それでパーンと地面を思いきり叩《たた》いた。

ぱっと目の前が森に変わった。

山の中を歩いていたのだ。

「もうちょっとで、山の奥へ引っ張っていかれて、帰れんようになるとこやった」

何度も聞かされた話だそうだ。


似た話がある。

Tさんという七十代の男性。

若い頃、奈良県の東吉野《ひがしよしの》に住んでいたという。

山ばかりの土地。小川に掛かる橋を渡った山の麓《ふもと》に、Tさんの実家がある。このあたりは、秋になると昼の二時にはもう、山影で暗くなり、寒くなってくるような田舎だったそうだ。

この実家の裏山の中腹に、大きな岩があって、その下に平たい岩をいくつか重ねた磐座《いわくら》があり、その前に小さな祠がある。この祠の前にはいつも村人たちが捧《ささ》げた油揚げや、畑で出来た野菜などがお供えされていた。これは狐の塚と言われていた。江戸時代中期に書かれた文献にも、この狐塚のことは出てくるという。

ところで、家の前にある橋は、どこに行くにしても渡ることになるが、祖母が「どうしたもんじゃろな」と悩んでいる。

「どうしたんじゃ、ばあさん」

聞くと、いつも買い物をしてあの橋を渡る。晩御飯のおかずとなる野菜や油揚げ、たまには魚や天ぷらを新聞紙に包んでもらい、それを風呂敷《ふろしき》に包んで持って帰ろうとするのだが、橋の真ん中に来ると、その風呂敷包みが、ひょいと軽くなる。

やられたか、と思って家に帰って風呂敷を開けてみると、何枚かの油揚げと、魚や天ぷらの一部が抜き取られているというのだ。それが最近、ほぼ毎日だという。

ある日は、稲荷《いなり》ずしを買った。これは絶対に渡さんぞと、風呂敷包みを胸に抱いて渡ったが、やはり広げると稲荷ずしのほとんどがなくなっていたのだ。

また、橋を渡ろうとすると、橋のたもとにちょこんと座っている狐がいたことがあった。

シッ、シッと追っているうちに、ふっと風呂敷包みが軽くなった。

実は被害を受けているのは祖母だけでなく、この橋を渡る村人たちにもよくあることだったようで「まあ、お狐さんのやることやからのう」とか「お狐さんやから許してやろうか」と笑って許していたようなところもあったという。

「これはばあさんから聞かされた話やけど、わしにもこんなことがあってな」とTさんは言う。


村の友人宅に、Tさんたち若い者が集まって花札をやっていた。

すると一人の友人が「わし、廁《かわや》に行ってくるわ」と席を立った。

廁、今でいうトイレであるが、昔の田舎の家の廁は外にあった。

友人はガラリと裏口の引き戸を開けて、いそいそと廁へと向かっていった……。

ところがなかなか戻ってこないのだ。

「あいつ、なんぼなんでも遅すぎるな」

心配になって、みんなで廁へ見に行ったが、友人の姿は無かった。

だが、翌日の午後、バッタリと道でその友人と会ったのだ。

「お前、どこ行ってたんや」

「いや、それがな……」

友人が言うには、用を済ませて帰ろうとしたら、庭先に大きな白狐がいた。それを追いかけたのだという。

「もうちょっとで捕まえられる、もうちょっとで捕まえられる。そう思って追っかけてて、ふっと気が付いたら、わし、山の中におったんや。手や足が傷だらけで、足元見たら、厠のスリッパ履いたままや。スリッパ履いて一晩中、山の中を走り回ってたみたいや。あっ、スリッパ返しに来た」といって、手渡されたという。

吉野の古家

二〇〇五年のことである。

私は、ある知り合いを通じてFさんという男性を紹介してもらった。知り合いによるとこのFさんは、以前吉野に住んでいたが、そこは幽霊の出る家だったという。その幽霊の出る家とはいかなるものだったのか、直《じか》にお会いして話を伺おうと思ったのである。

大阪府の信太山《しのだやま》駅近くの喫茶店で待っていると、やや強面《こわもて》の中肉中背の男性が入ってきた。右足を不自由しているようで、引きずっていて、着席するなり「ああ、この脚ね。幼い頃大怪我しましてね。関節が曲がらんようになってしもうたんですわ」と言って、その右足をかばうようにしてテーブルの下に置いた。

「幽霊が出る家に住んでいらっしゃったとお聞きしたのですが」

「ああ、それはねえ、今から十二、三年前のことですわ」と当時のことを思い出しながら、こんな話を聞かせてくれたのである。

もともとFさんは、大阪市内のあるホテルのレストランでコック長をしていたという。

ところがそのホテルが廃業になってしまった。Fさんは失業する。

料理の腕には自信がある。またどこかのホテルかレストランに雇ってもらうよう、就活でもはじめようかと思っていた矢先、奈良県吉野町の町役場から電話が入った。

Fさんが懇意にしているUさんの名が出て、彼からの紹介でお電話差し上げましたという。今、地元で大型ダムの建設をしていてその飯場がある。その食堂のコック長をやってくれないかというのだ。

「吉野かあ。遠いなあ」

Fさんは、足は不自由だが適性検査を受けたうえで運転免許は所得している。ただ、住んでいる和泉《いずみ》市から吉野に車で通うには少なくとも片道三時間、場所によると四時間はかかるかもしれない。すると、住む家は現場近くに用意します、家賃はいりません、ですから考えていただけませんか、という。

「家賃、タダか。う〜ん。まあ、悪い話やないな」

Fさんは承諾した。

単身赴任という形で吉野に行ったのは、四月。吉野桜が満開の季節だったという。

ダムの建設現場と飯場の厨房《ちゅうぼう》も見せてもらって、一旦《いったん》町役場に戻った。

「じゃあFさん。お宅となる家へと向かいましょう」

Aさんという担当者がカギを持って町役場の駐車場に向かう。Fさんもついて行って、それぞれの車に乗り込んだ。Fさんは白いカローラで、前を行くAさんの軽トラックのあとをついて行く。

吉野町といっても、山の寒村で家はまばらである。しかし軽トラックはそのまばらな家さえもないような山道へと入っていくのだ。

「大丈夫かいな。こんなとこに家なんか、あるんか？」

思わず独り言が出る。

やがて、道から外れた場所に軽トラックが停車して、Aさんが出てきた。Fさんもカローラを脇に停めると外に出た。

「Fさん。車はここまでで、あとは歩きですわ。なに、じき、家、見えてきますわ」

あたりを見回す。近くに人家が一軒。あとは林。そして竹藪《たけやぶ》。

そういって、竹藪へと続く細道へ入っていく。

「えらいとこに家、おまんねんな」

Fさんがそう言うと、Aさんはこう答えた。

「家いうのは、実際に人が住んで使ってこそ、家なんですわ。使わなんだらどんどん傷んでボロボロになりますねん。そやから、住んでもらった方が助かるんですわ。それでまあ、タダでお貸ししようということなんですわ」

するとᅵ竹藪の先に一軒の家が見えてきた。

「あれ……か？」

そこにあるのは、木造平屋建て。築何年になるのだろう。相当に古い家のようでボロ家といっても過言ではない。

AさんはそんなFさんの心情をよそに、持ってきたカギを玄関の引き戸に差し込むと、ガラガラッと開けて、中へと入っていく。

「Fさん。何してるんですか。さ、遠慮せんとどうぞ、どうぞ。今日からここは、Fさんの家ですよ」

……なるほど、内装はしっかりしてある。壁は塗り替えてあり、畳も新しい。キッチンもステンレスのものが備えてある。ウッドデッキが前庭に置いてあって、仕切りにアルミサッシの引き違い窓がはまっている。クーラーも備え付けてあるし、水も出る。実は井戸水だという。ただ都市ガスではない。プロパンガス。風呂《ふろ》を沸かすには薪《まき》が必要だ。まあ、住めないことはない。

「タダやし、こんなもんか」

こうして、Fさんの吉野での生活がはじまったのである。

住みはじめてみると、気になることができた。

窓のほとんどは、アルミサッシがはめ込んであるが、玄関の引き戸と、キッチンの窓だけが木製であることだった。

こんな山あいの、しかも竹藪に囲まれた家。おそらく夏になると隙間から虫や特に藪蚊が入ってくるだろうし、冬はすきま風が吹きつけるだろう。

「かなわんなあ。なんでここだけ、木やねん」

そうぼやきながら、Fさんは電話帳で地元のアルミサッシを扱う業者を見つけると電話をした。そして、アルミサッシの玄関の引き戸と、台所用の窓ガラスについて相談した。

「わかりました。ほんなら、寸法測りにうかがいます。いつがよろしいでしょうか？」

「そら、早い方がええわ。明日はどうや」

「わかりました。ほな、午後二時くらいでどうでしょうか？」

「ああ、それでかまわん。ほな、頼むで」

「承知いたしました」

翌日、時間通りに業者は来てくれて、玄関とキッチンの窓の寸法を測ると、「このサイズやったら、在庫あったと思います。確認してみましょうか」

携帯電話が一般にはまだ普及していない頃の事。業者はFさんの置き電話を借りると店に電話をかけて確認しだした。

「お客さん、在庫あります。いつお届けに伺ったら？」

「そら、早い方がええ」

「そしたら、明日伺います」

「そうしてくれ。ただわし、仕事で留守しとるから、置いていってくれ。そやな、その玄関の横にでも立て掛けてくれたらええわ」

「わかりました。ありがとうございました」

そう言って、業者は軽トラックに乗り込むと帰っていった。


翌日、Fさんは仕事から帰ったが、届いているはずのアルミサッシの表具が何一つ届いていなかった。

「あれ、来え《け》へんかったんかな。今日やいう約束やないか」

業者に電話を入れてみた。誰も出ない。そして夜になっても来なかった。

ところが、夜の十一時過ぎ、その業者から電話があったのだ。

「なんや、なんで来んかったんや！」

すると「申し訳ありません。発注いただいたアルミサッシですが、お持ちできなくなりました」という。

「はあ、どういう意味や？」

「あのう、昨日、お宅で寸法測らせてもろうた、帰りのことです。途中、トンネルありますやろ。そこでのことです……」

下り坂。トンネルに入った。

その途端、胸の中に違和感が湧いた、という。

胸の中に、ビー玉のようなものが詰まっている。そんな感覚。それがこみ上げてくる。

上ってきた。

喉元《のどもと》から出て、口の奥に何かある。

そのまま、思わず吐いた。

同時に大量の血がボタボタッと出てきた。たちまち、車の中が血で染まった。

びっくりしてそのまま病院へ向かった。病院の駐車場に停車したところまでは覚えている。気が付けば病院のベッドにいて、家族の者が心配そうに顔を覗《のぞ》かせていた、という。

「そんなんで、朝からずっと検査受けてましたんや。そんなこんなで今日はお店、臨時休業ということになりましてな。おそらく何回もお電話くれはってたやろうと思いまして。すみません。当分入院いうことになりそうです。そういうことでして、せっかくご注文いただいた品、お届けできんようになったんです」

「そら困る。それはそっちの都合やろ。なんとかならんか」

Fさんは声を荒らげた。

すると業者は「わかりました。そしたら、私の知り合いに表具店やってるのがおりますねん。そっちに言うときますので、明日、Fさんの方へ連絡するように言うときます。必ず電話させますんで」

「頼むで。必ずやで」


翌日、表具店から電話があった。店主からだった。

「あのう、うちに在庫ありますので、うちがお届けします」

「ああ、頼むわ。明日、持ってきてくれるか？」

「わかりました。場所は……、はあ、わかります」

「それでな、明日はずっと職場におるから、持ってきたアルミサッシの窓やら戸やら枠やらは、うちの玄関の脇んとこに立て掛けといてくれたらええわ。それで、普請してもらわなあかんねんけど」

「いつがよろしいでしょうか？」

「今度の日曜日はどうや。わし、ずっと家におるわ」

「承知いたしました。じゃ。明日、モノは必ずお届けします」

翌日、仕事から帰ると玄関の脇に、アルミサッシの表具一式が立て掛けてあった。

「ああ、やっと来たな」

ところが、夜の十一時過ぎ、今度はその表具店の店主から電話があったのだ。

「申し訳ありません。あの、お代はいただきませんので、普請をするというのはちょっと遠慮させてもらいたいのですが」という。

「はあ、どういうことやねん」

訳が分からない。モノだけ届けて、代金はいらない。そして普請はしない？

Fさんは、説明を求めた。するとこんなことを言われた。

「あの、こんなこと言うの、なんなんですけど……。お宅、何かあるんと違います？」

なにか、ある？　意味がわからない。

すると表具店の店主が言う。

「私、実は今、病院にいましてね」

「病院？　なんでや？　なにがあったんや？」

「それがね……」

昨日のことだという。注文されたアルミサッシの表具一式を、Fさんの家の前まで運んで、言われた通り、玄関の脇に立て掛けた。その帰りのことだという。

軽トラックで自宅へ戻った。

車は車庫に入れて、歩いて車庫を出てシャッターを閉めた。その足で一、二分歩いて自宅の玄関の引き戸を開けて玄関に入り、靴を脱いだ。

そして上がり框《がまち》に、とん、と右足を置いた。

突然、激痛が走った。

「いてててっ」

思わず声が出た。右足を見ると、みるみる腫《は》れて倍ほどの大きさに膨れ上がった。

「わあああ!」

立っていられず、その場に転倒した。すると左足にも激痛が走って、こちらの足も倍の大きさに膨らんだ。悲鳴を上げていると奥さんがとんできて、救急車を呼んでくれ救急病院へ搬送されたという。

「でね」と表具店の店主が言う。

「私、レントゲン撮ってもろたら、両足首複雑骨折って言われました。あのね、その直前まで私、車運転してましたんや。車庫出て、玄関に入って、靴脱いで、上がり框にトン、はい、複雑骨折。そんなことありえませんやん。おまけにもう片方、なにもしてないのにやっぱり足首複雑骨折。そんなバカな話あります？　けど、ほんまですねん。今、私の両足、パンパン。意味わかりませんわ。それでね、Fさん。お宅に最初のアルミサッシの注文を受けはった業者さん。あの人も、お宅からの帰り、なんか口から大量の血吐きはって、原因不明で入院されましたよね。これ、お宅に何か原因があるとしか、思えませんわ」

「あほ言うな。そんなことあるわけないやろ。現にわし、ここに住んでて何もないやん。普通に生活しとる」

「ともかく、私も当分入院ですわ。お代はいりません。申し訳ありません」

そう言って、電話を切られた。

そうなると仕方がない。Fさん自身が素人大工で普請するしかない。

としたら、玄関の脇にあんなもん置きっぱなしというのは、邪魔になるなあ。

そう思ってFさんは、届けられたアルミサッシの表具一式を、玄関の横にあるウッドデッキへと移し、そこに立て掛けた。足に障害のあるFさんには、少々辛《つら》いものだったが、玄関先はこれでスッキリした。今度の休みの日にでも普請するか、と部屋に入るとちょっとした酒の肴《さかな》を作った。

そして夜遅く、居間で一人飲みを始めたのだ。Fさんは、無類の酒好きだそうだ。と、部屋に風が起こった。

顔を上げて、風の来た方向を見た。

さっき入る時に閉めたはずの、ウッドデッキとこの部屋を仕切る、アルミサッシの引き違い戸が全開していた。そしてそこに、若い女が立っていた。

白いワンピースだったか、浴衣《ゆかた》のようなものだったのか、記憶は定かではないが、白い衣服を着ていたことは間違いないという。二十歳くらい。肩までのストレートの黒髪。

そんな女がウッドデッキに立っていて、右手を顔のあたりにかざすと、おいで、おいで、と手招きをしたのだ。

Fさんは言う。

「今思うとね、なんでそう思ったのかわかりません。きっと魅入られたというやつでしょうね。『あっ、綺麗《きれい》な女の子やな。わしのこと誘うとるわ。行かなあかん』そう思って立ち上がったんですわ」

そのままウッドデッキへと出た。

するともう女は、真っ暗な竹藪《たけやぶ》の前にいた。相変わらず右手を顔のあたりにかざして、手招きをしている。

行かなあかん。そう思って思わず高さ三十センチほどのウッドデッキから地面へと飛び降りた。その瞬間……。

あっ、あの女はこの世のものではない、と思ったのだという。

なぜなら、右足から跳んだのだ。

Fさんの右足は、関節が動かない。伸びきったままだ。幼い頃に負った大怪我。つまり、Fさんは歩いたり、跳んだり、ともかく足を動かすときは、必ず右足を庇《かば》うことが習性となっていたのだ。

それが、ありえないことに、右足から跳んだ。

そのまま、右足で地面に着地し、グギッという音とともに激痛が右足を貫いた！

「いたたたっ！」

そのまま、Fさんはその場に転倒した。あっという間に、右足はみるみる腫れて、倍ほどの大きさになった。もう女は、姿を消していた。

そのまま、おそらく這《は》って電話口へとたどり着き、一一九番を呼び出したのだろうか。その記憶はない。気が付けば、病院だったという。

診断の結果、右足首複雑骨折。

この時Fさんははじめて、あの家、ほんまになにかあるなあ、と思うようになった。

入院中、Fさんはずっと考えていた。

あの、ウッドデッキに立っていた女は何者だ、と。

こんな田舎、知らない人などいない。ましてや若い女。しかも夜の遅い時間、あんなところに一人立っているのは、尋常ではない。そこを疑問にも思わず近づこうとした自分の行為も、理解しがたい。

そして白い服装、肩までの黒髪、綺麗な女の子やなあと思ったにしては、顔の印象が無い。

また、一瞬にして竹藪へと移動するという行為。

待てよ、あの時間の竹藪は真っ暗で明かりが無いはずだ。なぜ見えた？

居間の明かりが漏れていた？

そして、忽然《こつぜん》と消えた。

わからない。すべてはわからないが、あれが幽霊かと思った。そういうものが存在するんだ、Fさんはそれを実感したという。そして、最初の業者も、次の表具店の店主も、幽霊のせいで病院送りになったのだろうか。

その原因は……アルミサッシ？

アルミサッシに入れ替えるために玄関とキッチンの窓を計測した業者、アルミサッシをうちまで運んできた表具店の店主。そして、それをウッドデッキに移した自分。アルミサッシをこの手で運んだ店主と自分は同じ足首複雑骨折……。

ともかくも、Fさんはその後約一ヵ月の入院生活を余儀なくされ、退院してもしばらくは松葉杖《まつばづえ》をついての職場往復と通院生活となったのである。

お盆の夜

これも、Fさんの話。その年のお盆のことだという。

ダムの工事現場も夏休みとなり、大半の作業員は帰省していった。それでも帰らずに残った作業員たちもいる。そんな作業員たち七、八人がFさんの平屋に集まった。

Fさん自慢の手料理で、酒盛りをするのだ。

仮にもホテルのコック長をしていた男。次から次へと山の素材を活《い》かした料理が並べられ、酒盛りも大いに盛り上がった。

すると、誰も何も言わないのに、その場にいたみなが、何かを察したかのように沈黙したのだ。次の瞬間、Fさんの背中を冷たいものが走った。ゾゾゾッと総毛立つ感覚。

「なんか、寒いっすねえ」

一人の若者がそう言った。

同時に、部屋の中を風が吹き抜けた。

あっと、みなが風の来た方向を見た。

冷房を効かせるために閉めていたはずのカーテンと、ウッドデッキへ出る引き違い戸が全開していた。そこから、真っ暗な竹藪が見える。

いや、この時間は、明かりも無い竹藪はただ漆黒の闇を形成しているはずで、竹藪ともわからない。その竹藪が見える。

竹藪の中に、光がある。

最初は一つの人魂《ひとだま》のような白い光だったものが、二つ、五つ、八つと、増えていき、竹藪そのものがぼうっと光って見えだした。

「な、なんですか、あれ……？」

「人だ」

「人？」

「光った人だよ、あれ」

確かに人だった。白く光った人のようなものが、竹藪の中を移動しながら、こっちへ近づいてきているのだ。

「こっちへ来ますよ！」

この時、部屋にいたFさんや作業員たちは、声は出るが体は動かない、いわば金縛りのような状態にあったのだ。

「来ますよ、来ますよ」

その光る人のようなものは、一人、一人、竹藪から出てきてこの家の玄関を目指して移動している。歩いている、というよりスウッと移動しているという感じだ。それが玄関前まで来ると、閉まったままの木の引き戸をすり抜けて、どんどんとこの家に入ってくる。そして、そのまま移動していき、その奥にあるキッチンの木枠の窓のあたりから抜けていくのだ。

それはもう、二十とか三十とか、そんな数だったらしい。

次から次へと光る人は玄関戸をすり抜け、キッチンの窓のあたりへ移動して消えていく。

最後の一人が消えた時、ふっとみなは、我に返ったようになった。

さっきまで、光る人が通過していたからか、電灯の灯《とも》ったこの部屋が、なんだか薄暗く感じる。そして、ウッドデッキへ出る引き違い戸は閉まっていて、カーテンもかかっていた。

「おい、見たよな」

「うん、見た」

「見たよな」

「見た、見た見た」

「来た来た来た……」

そこからパニックとなった。Fさんは、カーテンを開けて竹藪《たけやぶ》を見たが、すぐ外は漆黒の闇で、この部屋の照り返しの明かりは竹藪へは届いていなかった。

お盆が明けるとFさんは、町役場に駆け込んだ。そしてAさんを捕まえるとまくしたてた。

「おい、あの家なんかあるやろ。なんかあるやろ。隠すな、言え！」

Aさんは「はっ？」と言った。

「はっ？　やない。わし、あそこで幽霊見たんや。一つや二つやないぞ。凄《すご》い数の幽霊や。見たのはわしだけやない。うちに来とった若いやつ、みんな見た言うとるわ」

するとAさんは「なにかの間違いでしょ」と言う。

「間違い？　なんの間違いや。ちゃんとこの目で見た。なんかあるやろ。なんかあるやろ。正直に言え！」

「いや、正直も何も。ほんまに、そんな話聞いたことありませんわ。そんなん、あるはずないけどなあ」と、どうやらAさんはほんとうに知らなかったようだ。

Fさんは、いろいろ周囲を回って、聞き込みをした。

するとこんな証言があった。

わりと近所に住むお年寄りだ。

「ああ、あんたあの家に住んでる人か。あそこな、霊道になっとるんちがうかな。あんたとこの家の正面に竹藪があるやろ。その向こうに神社があるやろ。山神様を祀《まつ》る神社や。昔、そやな、昭和三十年代のことやったか、吉野川が氾濫《はんらん》したことがあってな。えらい被害が出て、人も大勢死んだ。それで遺体置き場がない言うので、一旦《いったん》あの神社の境内に置かせてもろたんや。ほんで確かな、あんたの住んでる家の裏手にな、そこも竹藪になっとるけど、確か犠牲者の慰霊碑を建てたんや。そやからお盆の時期になったら、神社から慰霊碑に向かって亡者たちが移動してるんやなかろうか。神社と慰霊碑の間の道をいわば塞《ふさ》ぐようにあの家建っとるからなあ」

「あっ、それでお盆か」

それを聞いてゾッとした。

その一週間後にはその家を出て、飯場を辞めて、和泉市へと戻ったというのである。

吉野の探索

話し終わるとFさんは「まだその家、あるんと違いますか。行ってみませんか？」と言ってきた。願ってもない。Fさんと、そこを紹介してくれた知り合いも一緒に、そのまま車に乗り込んで、吉野へと向かった。

ちょっとここで、お断りをしておく。

『怪談狩り』は、聞き取った怪異を怪談として書き、そこになるべく私の解釈や考えは提示しないことにしている。

ただ、私が一連の現象があったという吉野の現地を見たことから、面白い推測が生まれた。この推測が生まれる過程が、実に怪異なものだったので、そのことを書き連ねてみることにする。

実はこの時、道に迷い二十分ほどのロスをしたのだ。

原因は、あたりの様相が様変わりしていて、Fさんがそこを通り過ぎてしまっていたのだ。

まず、Fさんが目印としていた鬱蒼《うっそう》とした竹藪がなくなっていた。引き返してみると、竹藪跡にプラント工場が建っていたのだ。畑も開墾され、新しい家も二、三軒建っている。

「十年ひと昔いうけど、ほんまやな」と、Fさんの口から洩《も》れた。

しかし、例の木造平屋建ての家は健在だった。

なるほど、築数十年という代物だ。人が住んでいるようで、Fさんが言うウッドデッキには洗濯物が干してあった。

玄関は二枚の木造の引き戸。ただし、使っていないのか箱やら農業器具が玄関戸の前に置いてある。おそらく、ウッドデッキの方の戸から出入りしているのであろう。

ということは、やはり、何かあるのだ。

家をぐるりと回って見た。

横手に回ると、トイレ、風呂《ふろ》の窓はアルミサッシが嵌《はま》っている。もう一カ所ある窓もアルミサッシ。裏へ回ると、キッチンの窓。なるほど、ここは木枠の窓ガラス。しかしその他の窓はアルミサッシになっている。

「あの玄関から入ると、ちょうど直線上にキッチンがあるんですわ。幽霊たちは玄関から入ってきて、そのまま一直線に進んで、あそこの木枠の窓のあたりから外へ抜けよったんです」

キッチンの窓を抜けると竹藪へと進む。家の背後には竹藪が残っていた。

「竹藪の向こうは？」

「吉野川になります。そこに洪水で亡くなった人たちの碑があると聞きましたが、わしは見たことありません」

竹藪は鬱蒼としていて、しかも金網が張ってあって、中へは入れない。

神社へ行ってみた。さっき車で来た道を渡ると、長い石段が山へと続く。上ってみるとある山神が祀られていた。そんなに大きな社でもなく、宮司も常駐していない。ただ、山間《やまあい》の場所。たしかに多くの遺体を置くとしたら、この境内くらいしかないかもしれない。

石段を下りる。

下り切ると、車一台しか通れない狭い舗装道路が横切っていて、すぐ向こうに家がある。

道沿いにブロック塀があり、玄関と縁側が道に向いている。神社の正面に向く形となる。

家はもう、廃屋になっていたが、奇妙なことになっていた。

玄関の引き戸は木製。縁側に使われている引き違い戸も木製。

ところが家の前に、アルミサッシの戸や枠が大量に放置してあったのだ。おそらく、玄関と縁側の引き戸をアルミサッシに替えようとしたが、何かがあって放置されたのだろう。

しかし、神社の正面から外れると、他の窓はきっちりとアルミサッシが嵌っている。裏に回ると、玄関の直線上に当たる裏窓と勝手口は木枠。あとはアルミサッシの窓だ。

「Fさん。ここの家について、何かご存じですか？」

「いや、覚えがないなあ。わしがおった頃は、もうここに人は住んでなかったと思いますわ」

この家の横に、ちょっとした広場があって、われわれはそこに車を停めている。ここからは車で行けないが、近くに二階建てほどのプラント工場がある。外壁は灰色の鉄製のトタンを巡らせている。神社から霊たちが下りてきて、さっきの家の玄関を通り、裏口から出ると、このプラント工場を抜けることになる。もともとここは竹藪だったのだ。

もし、その霊たちがアルミサッシを嫌がると仮定すると、このプラントのトタンもその対象になるのではないか。ちょうど向こうで畑仕事をしている中年の女性がいた。

Fさんが声をかける。

「すんません。ちょっとお聞きしたいんですけど。わし、昔あそこの平屋に住んでたんやけどなあ。その頃こんな建物なかったんやけど、いつ建ったんか知りませんか？」

「ああ、そうやったんかいな。うちは八年ほど前かな、ここに越してきて。町がこのへん開発する言うてな、ほんで来ましたんや。この工場か。そやなあ半年ほど前かなあ。地元の人違うねん。どこの人いうとったかなあ。半年前に出来て操業始めたんやけどな。すぐ、操業停止になって。今はもうもぬけの殻です。だあれもおらへん。それ以上のことは知りませんなあ」

あたりにぽつぽつと民家はある。

ところがその民家の玄関の戸が、みんな木製の引き戸になっていたのだ。その家々は舗装道路に面して建てられていることと、山の稜線《りょうせん》に沿っていることもあってか、地図で見ると神社のある方角に玄関が向いている。その玄関戸のことごとくが木製の戸で、神社の位置から外れた方角の勝手口、裏口、窓にはアルミサッシが嵌っている。また、この地域はそういう建て方がオーソドックスなのかというと、そうでもない。車であたりを走ったが、神社から遠ざかると各家の玄関戸はアルミサッシに変わっているのだ。

こんな証言もあった。

あたりを散策していると、こんな田舎のことだ。「お宅ら、だれ？」といった感じである家から奥さんが出てきた。この家の玄関戸も木製である。

「あんたら、なにしとるん」

「あ、わし、昔あそこの平屋に昔住んでてな……」とFさんが挨拶《あいさつ》してくれると話が聞きやすくなる。

「今、あの平屋に人が住んでいるようですけど、どういう方が住んでいらっしゃるのかご存じですか」

それにはこの女性はこう答えた。

「ああ、あの家な。半年ごとに替わりはるんで、ようわかりませんねん。まあ、あんなとこに住むよそ者ですから、世間をはばかるとか、隠れ住むみたいな人らやと思うて、お互いあんまり交流もってませんわ」

「わし、あの平屋に住んでて、幽霊の集団見たんやけど」とFさんが言った。

「幽霊？」

そう言うと女性は声を低くして「私、ここに嫁いで十年ほどになるんですが、私は見たことないですけど、このあたり、なんかおりますわ。気配はわかるんです。ほんで怖《こ》おうて、怖おうて。けど主人の里ですから、そんなこと誰にも言われへん。あっ、神様が現れたという井戸があります」

「どこ？」

た。

「すぐそこですわ」

奥さんはすぐ道路へ出ると、ひょいと渡ってすぐそこにある井戸へと案内してくれ

井戸は石が組んであって、ミカンやリンゴといったお供え物がしてある。木製の四本の柱が井戸を囲み、その上に木の屋根がある。この井戸そのものが、祠《ほこら》の中にあるような造りである。

「うちの娘がな。娘いうても主人の前の人の子供。その人亡くなって、で私が後妻で嫁ぎましたんや。二、三年前、娘は中二でしたんやけど、学校帰りに、ここに胸までの顎髭《あごひげ》蓄えたおじいさんが立ってたんやと。見た瞬間、娘は神様やと思ったそうで、ほんならおじいさんは、『わしはこの村を守護する神なり。この井戸は神の井戸によって、毎日お供えをせよ』って言うて、ふっとおらんようになったと。娘はびっくりしてうちへ駆け込んで。それでうちの人が屋根作って、娘とばあさんが、毎日お供え物して、手を合わせてますわ」

「ところで、お宅もそうですが、このあたりの家って玄関の戸が木製で、アルミサッシの……」と私が言いかけると、機嫌よくしゃべってくれていた奥さんが、ぷいっと横を向いて、家の中に入っていきピシャ、と玄関戸を閉められてしまった。

これは、後の取材でわかったことだが、あのアルミサッシが放置されていた神社の

真正面にあった廃屋は、原因はわからないが、ご主人が風呂場《ふろば》で手首を切って自殺したと聞く。

その後、一家はどこかへ引っ越したという。霊的なものとの関係はわからない。

この、神社、近くの家、平屋建ての古家、そして井戸。これらを線で結ぶと面白い関係性が見えてきた。

神社、平屋、井戸。これらを結ぶと三角形が形成される。

これは推測でしかないし、いささか強引な考え方かもしれない。ただ、神社から霊が出てきたとして、正面の廃屋の玄関から裏戸に抜け、竹藪へと入る。その竹藪の中に平屋の古家がある。Fさんたちは竹藪から白く光る霊が来るのを見ているから、おそらくそうなのだろう。その竹藪もプラント工場が建てられて、もう無い。

そして、この平屋と神様の井戸を結ぶと、さっきの奥さんが出てきた民家がある。この家はリフォームされているのか比較的新しいものである。だが、玄関は木戸。裏へ回って見たが裏戸も木戸だった。

私はこの話を取材したころ、この話はお盆に出てくる幽霊談だと思っていた。当のFさんも「幽霊を見た」と言っていた。

しかし、後に私は、これは神様の通る道ではないかと思うようになった。

それは、一つは写真家で「山怪」シリーズを書かれている田中康弘《たなかやすひろ》さんとの出会いであった。彼の話を聞いていると、山に住む人たちは、山の中で白い軽装の若い女を見ることがあるらしい。そして一様に彼らはそれを怖がっているという。

山の中に住むものだからわかるというのだ。

あんなところに、あんな格好で来ることができるはずがない。登れるわけがない。立てるわけがない、と。夜遅くにも見ることがあるらしい。得体が知れない。だから恐怖以外の何物でもない、と。そしてあんな格好で山で死ぬ者はいないから、それは、山の神ではないかとされているという。

そしてこの本に掲載した「山の神」という話。ここに現れた山神は、二十歳くらいの白いワンピースとも何ともいえない、けれども今風といってもいい姿で出現している。

夜中に現れて、Fさんが誘惑されたという女も、白いワンピースだか浴衣《ゆかた》だかの格好で現れている。

そして、アルミサッシのことで怪我をした三人は、霊の仕業というより神罰と考えた方がいいのではないかと思う。

そしてお盆に現れた、大量の光る人たちは？

洪水で亡くなった人、という言葉に誘導されたのかもしれない。彼らは山の神々か、あるいは亡くなった人の霊を誘導する神、なのかもしれない。そしてこの神は、アルミサッシや鉄製のトタンといった、人工の金属類を嫌がるのだ……。

貸した車

このFさんの話には後日談がある。

吉野での一件が恐ろしくなって、Fさんは大阪府下の和泉市に戻ったのである。

それから三年ほどした頃のことだという。

Hさんという、以前ある職場で知り合った後輩がFさんの家に遊びにやって来た。

Fさんの手料理を肴《さかな》に一杯やろうということだった。

酒を飲みながらいろいろ話をしているうちに「ところでな、わしなあ、三年ほど前、吉野のあるところに半年ほど住んだことあるねんけど、そこで幽霊見たわ」と言ったところ「あっ、その家って……」とHさんは、その家のことを知っていたのだ。

「えっ、知ってるのか？」

「先輩。僕ねえ、実は吉野の出身なんですよ。あの平屋建ての家、僕の子供の頃からありましてね、もうその頃からボロ家でした。変な家やなと子供ながらに思っていまして。で、幽霊の話も噂程度でしたが、聞かんこともなかった。子供の僕にとってはそれが怖くて怖くて。近寄れませんでしたけど、やっぱりそんなことあるんですね」

とHさんは、心惹《こころひ》かれたようだった。

「ねえ、先輩、今からそこ行きません？」

いきなりそんなことを言いだした。

「いや、わしはもうええわ。まっぴらごめんや。二度と行きたくないわ」

Fさんは拒絶する。しかし、執拗《しつよう》にHさんは行こう、行こう、と言い張るのだ。

「そんなに行きたきゃ、お前ひとりで行ってこいや。わしは行かん。誘うな」

「じゃ、僕一人で行きます。Fさん、車貸してください」

「えっ、わしの車？ まあええけど、明日仕事でいるから、朝までには返してくれよ」

そう言って、Hさんにカギを渡した。

「ええか。必ず返せよ。それからお前、携帯電話持っとるいうてたな。それやったら現場に着いたら必ず電話くれ。約束やぞ」

「わかってますって」

Hさんは、Fさんの白いカローラに乗り込むと、エンジンを響かせて夜の和泉市を出ていった。それが夜の九時頃。現場には遅くとも深夜一時には着くはずだ。

一時前、電話があった。

「例の家にいます」

「どや？」

「誰も住んでいないようで、もう廃屋になってますねえ。で、先輩の言うとおり、ウッドデッキの上にアルミサッシの建具がいろいろ立て掛けてありますね」

「えっ、置いたままか？」

「ああ、そうか、これこうなってんねんな」と言うHさんの声と同時に、ガチャガチャ、ガチャガチャ、という音も聞こえる。

「おい、まさかお前、アルミサッシいじってんのやないやろな」

「あ、いじってますよ。実はさっき寸法測ったんです。玄関のサイズに合ってますねえ」

ガチャガチャ、ガチャガチャ。

「おいおい、止めとけ」

「大丈夫ですよ」

「ほんま止めとけ」

Fさんは再三注意するが、Hさんはアルミサッシを触りながら何かをしている。

「先輩、ほならしばらくして帰ります。ちゃんと車は返しますから」

そう言って、電話が切れた。

しかし、車は帰ってこなかったのだ。Fさんは朝になって何度かHさんの携帯電話を鳴らしたが、Hさんが電話に出ることはなかった。

仕方がない。Fさんはこの日、電車とタクシーを使って出社した。

仕事から帰っても、ガレージに車は戻っていなかった。ところが夜の十一時頃、Hさんから電話があったのだ。公衆電話からだった。

「すみません。僕、今病院にいます」

「病院？」

何か起こったことを察した。

「何があった？」

帰り道、高速道路にのったという。すると途端にブレーキが利かなくなった。それで側壁に激突して車は横転。気が付いたら病院に搬送されていた。両足首の複雑骨折を言い渡されたという。

「すみません。先輩の車、ぐちゃぐちゃになりました。いや、僕の知り合いに腕のいい修理工がおりますので、頼んどきました。きっと元に戻って帰ってきます。お約束します」

「おい、どこの病院や！」

電話が切れた。

それからHさんとは、一切連絡が取れなくなったままだという。
車は一週間ほどして帰ってきた。なぜか、白いカローラが真っ赤に塗装されていた。
修理屋に訳を聞いても、「赤く塗ってくれと言われただけです」と言うだけだった。

本書は書き下ろしです。

怪談《かいだん》狩《が》り　山《やま》の足音《あしおと》
中山市朗《なかやまいちろう》

角川ホラー文庫　23304

令和4年8月25日　初版発行
令和6年11月25日　6版発行

発行者――山下直久
発　行――株式会社KADOKAWA
〒102-8177　東京都千代田区富士見2-13-3
電話 0570-002-301（ナビダイヤル）
印刷所――株式会社KADOKAWA
製本所――株式会社KADOKAWA
装幀者――田島照久

ISBN978-4-04-112742-1　C0193

角川文庫発刊に際して

角川源義

第二次世界大戦の敗北は、軍事力の敗北であった以上に、私たちの若い文化力の敗退であった。私たちの文化が戦争に対して如何に無力であり、単なるあだ花に過ぎなかったかを、私たちは身を以て体験し痛感した。西洋近代文化の摂取にとって、明治以後八十年の歳月は決して短かすぎたとは言えない。にもかかわらず、近代文化の伝統を確立し、自由な批判と柔軟な良識に富む文化層として自らを形成することに私たちは失敗して来た。そしてこれは、各層への文化の普及滲透を任務とする出版人の責任でもあった。

一九四五年以来、私たちは再び振出しに戻り、第一歩から踏み出すことを余儀なくされた。これは大きな不幸ではあるが、反面、これまでの混沌・未熟・歪曲の中にあった我が国の文化に秩序と確たる基礎を齎らすためには絶好の機会でもある。角川書店は、このような祖国の文化的危機にあたり、微力をも顧みず再建の礎石たるべき抱負と決意とをもって出発したが、ここに創立以来の念願を果すべく角川文庫を発刊する。これまで刊行されたあらゆる全集叢書文庫類の長所と短所とを検討し、古今東西の不朽の典籍を、良心的編集のもとに、廉価に、そして書架にふさわしい美本として、多くのひとびとに提供しようとする。しかし私たちは徒らに百科全書的な知識のジレッタントを作ることを目的とせず、あくまで祖国の文化に秩序と再建への道を示し、この文庫を角川書店の栄ある事業として、今後永久に継続発展せしめ、学芸と教養との殿堂として大成せんことを期したい。多くの読書子の愛情ある忠言と支持とによって、この希望と抱負とを完遂せしめられんことを願う。

一九四九年五月三日

怪談狩り

禍々しい家

中山市朗

そのドアを開けてはいけない……

怪奇蒐集家・中山市朗が狩り集めた戦慄の建物怪談。人の気配がない角部屋から聞こえる妙に大きな生活音、引っ越し先で見つけた不気味なビデオテープ、誰もいない子ども部屋で突然鳴りだすおもちゃの音、夜の駐輪場の地面に這うモノ……。「新耳袋」で話題騒然、今もさまざまな憶測を呼ぶ「山の牧場」の、ここでしか読めない後日譚6話も収録。どの町にもある普通の建物が、異様なものを孕む空間かもしれない。文庫オリジナル。

角川ホラー文庫

ISBN 978-4-04-105734-6

怪談狩り

黄泉からのメッセージ

中山市朗

死んでも、伝えたいことがある――

あの世からのメッセージは、さまざまな形でこの世に出現し、私たちに語りかけてくる――。親族に不幸があるたびに夢枕に現れる生首、幼い子どもをひき逃げした犯人を捜し求める刑事が見つけた金属片、夜道に佇む男の子が手にした新聞紙、「俺は16歳までに死ぬ」が口癖だった同級生の家を代々襲う数奇な運命……。日常に潜む小さな違和や怪異を丁寧にすくいあげる。「新耳袋」の著者が全国から蒐集・厳選した、戦慄の怪談実話集。

角川ホラー文庫

ISBN 978-4-04-107189-2

怪談狩り 黒いバス

中山市朗

奇妙な話は連鎖し、増殖する——。

怪異蒐集家・中山市朗のもとに全国から寄せられた、不気味な霧とともに出現する奇妙な乗り物の目撃談——表題作「黒いバス」から始まり、読み進めると謎と不安が澱のように溜まっていく連作実話の新たな傑作が誕生！母親の幻視に対処しようとした娘が意外なモノを目撃する「メガネ」。周囲の人々に嫌われていた男性の異様な最期に震撼する「鬼が来る」など、日常の中のふとした違和と怪異を描き出す、厳選した61話を収録。

角川ホラー文庫

ISBN 978-4-04-111633-3